破解国魂和氏璧之谜

（历史篇）

王春云 著

图书在版编目(CIP)数据

破解国魂和氏璧之谜(历史篇)/王春云著.—武汉:中国地质大学出版社,2010.8
(千古之谜探索发现系列丛书)
ISBN 978-7-5625-2387-1

Ⅰ.①破…
Ⅱ.①王…
Ⅲ.①古玉器-研究-中国
Ⅳ.①K876.84

中国版本图书馆 CIP 数据核字(2010)第 126539 号

破解国魂和氏璧之谜(历史篇) **王春云 著**

责任编辑:张 琰 责任校对:张咏梅

出版发行:中国地质大学出版社(武汉市洪山区鲁磨路 388 号) 邮政编码:430074
电 话:(027)67883511 传真:67883580 E-mail:cbb @ cug.edu.cn
经 销:全国新华书店 http://www.cugp.cn

开本:787 毫米×960 毫米 1/16 字数:264 千字 印张:13.5
版次:2010 年 8 月第 1 版 印次:2010 年 8 月第 1 次印刷
印刷:武汉中远印务有限公司 印数:1—5 000 册

ISBN 978-7-5625-2387-1 定价:29.00 元

无论是中国大陆的小学和中学的语文课，还是中国香港、澳门、台湾的小学和中学的中国语文科，其中都包括有必修的课文：战国时期法家韩非所著的《韩非子·和氏(璧)》和西汉时期史学家司马迁所著的《史记·廉颇蔺相如列传》。这些课文，无论是改编还是原著，都包含了有关“和氏献璧”、“价值连城”、“完璧归赵”、“渑池之会”、“负荆请罪”、“将相和好”的动人历史故事，而这些故事在已经过去的2000多年时间里，感动了全世界千千万万、无以计数的华人。

谨以此书献给中国关注和氏璧自然历史千古之谜的千千万万中小学生和老师。

核心提示

和氏璧是天下所共传、天字第一号的国宝，与和氏璧相关的成语典故如“卞和三献”、“完璧归赵”、“将相和好”、“长平之战”等也是天下人尽皆知。然而，和氏璧何时发现？怎样传承？魂归何处？“完璧归赵”和“将相和好”案例的历史意义如何评价？背后究竟有哪些不为人知的故事？这些困扰世人2000多年的系列历史谜案都将在本著中得到科学的解答。这是一本中小学生都能看得懂的科普化的科学著作，一部大法官勘断天下谜案的侦探小说。中国科学院理学博士王春云，一代科学怪才，于无声处显有声，于不可能处找可能，在中国先秦历史文献记载的蛛丝马迹中，抽丝剥茧，条分缕析，提取科学证据，建立逻辑体系，为您一步一步地科学演绎和氏璧在春秋战国时期波诡云谲、荡气回肠的历史传奇！

内容提要

和氏璧是春秋早期发现的一块名玉，是玉，是美玉，也是宝玉，2700 多年以来，特别是在春秋战国时期，一直是被各诸侯国残酷争夺的镇国之宝，在秦始皇统一中国时更是作为皇权的象征和秦帝国一统天下的标志，在秦朝（前 221—前 207）之后一直到后唐（923—936）的 1143 年时间里，又与历代相传的天下至宝——传国玉玺的故事纠缠不清。和氏璧由此一直深深地影响着一代又一代中国人的精神和灵魂，因此完全可以被誉为中国民族的“帝王之石”和中国人的“灵魂之石”。

在和氏璧宝玉材质千古之谜被彻底揭开、和氏璧被证明是一颗千古美钻的基础上，本著研究了这颗困惑了中华民族 2700 多年之久的千古美钻的历史传承，同时解析了这颗“灵魂之石”所象征的中国人的精神和灵魂。研究主要基于先秦和继秦而起的两汉时期的经典历史文献记载，首先建立历史学证据体系和论辩逻辑体系。有关和氏璧最早的文献记载是春秋时代的《晏子春秋》和战国时代的《墨子》、《楚辞》、《吕氏春秋》和《韩非子》等。

有关和氏璧最早的发现时代是战国时期韩非所首次记述的厉、武、文三位楚王的时代。和氏璧在春秋战国时期的历史地位是诸侯国的镇国之宝，被楚国视为“邦之利器，不可以示人”，虽然先后有齐国、晋国、吴国和秦国等诸侯国的觊觎，但几代楚王遵循先哲的教导，依靠贤臣的辅佐，仍然能够击退敌国，保护国宝。特别是在楚威王时期，楚威王遵循楚国先哲“国之宝器，其在得贤”的教导，将和氏璧赏赐给了灭越吞吴、一雪吴国亡郢之耻的功臣昭阳。但昭阳不幸丢璧，自此各诸侯国豪强群起竞逐，以至于天下大乱。先是纵横家张仪为报复在楚国昭阳府所遭受的被诬窃璧的奇耻大辱，一再陷构楚王；再有赵国宦官缪贤买赃，和氏之璧入赵；接着是蔺相如完璧归赵，将相和好联手数拒强秦；然后是秦昭王拜相范睢，发起秦赵长平之战；最后是赵孝成王倚重纵横家苏代，用金玉解了赵都邯郸的第一次围城，挽救了危在旦夕的赵国。著者认为，和氏璧在解除邯郸首围的历史事件中发挥了关键作用。从此和氏璧归入秦国，成了秦始皇一统天下的绝代国宝，并陪伴秦始皇的遗体，最终魂归秦陵。

本著就是这样为您一步一步地科学演绎和氏璧在春秋战国时期波诡云谲、荡气回肠的历史传奇。文末还对作为中国国人精神和灵魂象征的和氏璧的历史文化意义进行了探讨。

完璧归赵

山东嘉祥东汉墓葬中完璧归赵画像石拓片，这是有关和氏璧的最早的历史图片资料。画像石中表现的是蔺相如手持中空圆环的玉璧。由于和氏璧被证明实际是一颗珠形超级大钻，自秦始皇之后已经消失在中国历史的尘埃里，无论是西汉人还是东汉人都不可能亲眼目睹和氏璧，因此画像石拓片中描绘的中空圆环的玉璧表明东汉人已经曲解了有关璧的原始文字含义，由此错误地理解了和氏璧的原始形状。

目录

前　言

> 感谢科学，它不仅使生命充满快乐和欢欣，并且给生活以支柱和自尊心。
>
> ——伊凡·彼德罗维奇·巴甫洛夫
>
> 前苏联科学院院士、俄国行为主义学派先驱

一、和氏璧——中国人的"灵魂之石"

和氏璧大约是春秋早期发现的一块名玉，是玉、是美玉，也是宝玉。2700多年以来，特别是在春秋战国时期，一直作为镇国之宝被各诸侯国残酷争夺，在秦始皇统一中国时更是作为皇权象征和秦帝国一统天下的标志。在各大诸侯残酷争夺和氏璧的战争过程中，有一个最为精彩的篇章，就是赵国使者蔺相如负璧使秦时不畏强秦而最终"完璧归赵"的故事，与该故事相关联的还有一串在中国历史上用熠熠闪光的成语所表达的其他故事，如"渑池相会"、"负荆请罪"、"将相和好"等。这些成语故事因为被中国教育部规定作为九年义务教育六年制小学教科书的一篇必修的语文课文"将相和"和长期作为中国大陆、台湾、香港和澳门高中语文的必修课文《史记·廉颇蔺相如列传》，而变得家喻户晓，人尽皆知。和氏璧由此一直深深地影响着一代又一代中国人的精神和灵魂，因此完全可以被誉为中华民族的"帝王之石"和中国人的"灵魂之石"。

二、和氏璧历史传承——世界未解之谜

由于和氏璧是旷世奇宝，价值连城，常人自是难得一睹；而曾经拥有和氏璧的楚国和赵国又被秦国所灭。在秦始皇的铁血统治下和焚书坑儒运动中，原来楚国和赵国的典籍、文化、语言乃至于民族自然也是在劫难逃。关于和氏璧的记载，在中国历史上也是寥若晨星，并且伴随着很多传说，染上了种种神奇的色彩。于是乎，在和氏璧面世之后的2700多年的中国历史文化里，和氏璧的历史传承成了一个至今未解的千古之谜，时至今日，仍被超过100多本各种各样的“未解之谜”系列丛书冠以各种名头的“未解之谜”，如“世界未解之谜”、“自然之谜”、“中国历史地理未解之谜”、“中国历史之谜”、“人类宝藏未解之谜”、“未解知识之谜”、“中国文化未解之谜”、“人类未解之谜”、“中国孩子最想知道的1001个未解之谜”、“中国未解之谜”、“中国历史未解之谜”、“地球悬案之谜”、“地理百谜”、“中华国宝之谜”、“世界考古未解之谜”、“中国千古之谜”、“人类文明之谜”、“中国全史未解之谜”、“世界五千年未解之谜”、“宝藏未解之谜”、“上下五千年难解之谜”、“人类文明之谜”、“中华历代国宝之谜”、“自然未解之谜”、“等待你去破解的世界未解之谜”、“世界尚未解开的1001个科学之谜”、“中外重大历史之谜”、“世纪100大谜案”、“巧合未解之谜”、“四大文明之谜”，等等。有关参考文献，请参见本著“附录:世界未解之谜丛书”。

什么是千古之谜？千古之谜就是那些人类历史上已经发生的、千百年来人们始终感到兴致盎然的、无数人已经作过探索但却只能取得一鳞半爪认识并终究不得其门而入的那些深刻影响人类历史、文明和文化的事件。

中华文明在其漫长的形成和演化过程中留下了无数千古之谜。这些千古之谜构成了中华文化的一个有机组成部分，与中华文化的产生和发展相伴相随。作为一切传统悠久、历史厚重的文化本身所固有的一种存在形式，千古之谜是人类对于自然、历史和文化问题感到困惑的一种反应，一种表征，一种外显的特征。虽然如此，那些千百年来困惑人类智慧的千古之谜其实质却是人类与生俱来的好奇心的反映，也是人类与生俱

来的潜意识中要求满足自身认识的一种反映。可以这么说，千古之谜是人类终极思考方式和终极怀疑精神的一种表达方式。因此，千古之谜的意义不仅在于探奇览胜的过程，不仅在于终极破解的结果，更在于刺激人类与生俱来的、永不终止的探索求知的欲望，更在于促成人类不断实现知识重建，不断产生高级的、创新的学习行为，从而源源不断地完成人类自身发展所需要的传承。

而和氏璧之谜就是这样一个千古之谜："在无数的聚讼不休、众说纷纭的文化之谜中，和氏璧之谜是最具余响、最富底蕴、最有魅力、最让人回味不已并且给人无尽思索的一个。"为什么呢？南城一中高级教师张挥(2003a)认为："事实上，和氏璧及围绕和氏璧的典故已经浓缩为中国文化的一个经典的意义符号，成为民族心理历程、民族情绪的一段独特记忆。玉的故事折射出中国人的精神态度、价值观和独特的思维方式。"

以"和氏璧之谜"为对象，作为全国电教实验学校的江西省抚州市南城县一中 2001 年 9 月接受中央电教馆下达的全国现代教育技术实验学校"十五"课题研究任务，承担了国家教育科学"十五"重点专项课题——"专题学习网站的建设与应用"的实验研究，并成立了南城一中中央电教馆"十五"规划课题工作领导小组，谢敏、刘金祥、梅健、张挥、万国军和江静等组织学校电教处负责研究部署和具体实施。经过一年多的准备和研究工作，2002 年 12 月，"和氏璧之谜"专题学习网站(http://www.jxncyz.com/hsb/index.htm)建成开通并试运行；2003 年 11 月，专题学习网站论坛具备上传、发表、统计、下载、排行、自动刷新、动态管理等强大交互功能。自此，"和氏璧之谜"专题学习网站成了中国中小学校学生和老师关注的焦点，无数的中小学生和中小学老师开始对和氏璧之谜生发出学习的热情和探究的冲动，网站的访问量和发帖量也与日俱增。也是在 2002 年，该专题学习网站有关"'和氏璧之谜'选题分析"荣获了全国中小学计算机教育研究中心"首届全国中小学网络主体探究暨教育特色网站展评研讨会"论文评比二等奖，有关"高中语文主题化多元探究性阅读学习网站建设实验研究报告"荣获了全国中小学计算机教育研究中心"首届全国中小学网络主体探究暨教育特色网站展评研讨会"论文评比三等奖(张挥，2003a，2003b)。遗憾的是，由于网站维护成本增高，学校在经费安排和人员部署方面面临困难，该专题网站现在已经关闭。而"和氏璧之谜”依然留驻在中国千千万万中小学校学生和老师的心中。

由此可知，和氏璧的历史传承这个千古之谜的研究难度是可想而知的，至少在过去的2700多年的时间里，已经挑战了历朝历代无数名垂史册的大学者的青春和智慧。这些英名彪炳汗青、成就灿若星辰的大学者包括：春秋时期的管仲、晏婴；战国时期的墨翟、屈原、吕不韦、荀子以及荀子的两个著名的学生——大思想家韩非和大政治家李斯；西汉时期的大史学家刘向和司马迁；东汉时期著名的历史学家和文献学家王逸、应劭、高诱、许慎以及大文学家蔡邕等。然而这些大学者关于和氏璧的记载连同他们关于和氏璧历史的论述也一样只是些只言片语！而这些只言片语，在他们身后的将近2000年的时间里，也一样让无数学者为之困惑不已。

值得一提的是，唐人司马贞、张守节；明人王世贞、余邵鱼(《列国志传》)、冯梦龙(《新列国志》)及清人蔡元放(《东周列国志》)等在研究东周列国历史时，对于和氏璧的历史传承有许多独到的见解，非常具有学术参考价值，因此本著对于这些学者的著述多有参考。

三、和氏璧与传国玺的难解因缘

目前人们大致可以知道的是，从公元前740年前卞和第一次献璞楚厉王时起，历史经过500多年的演变，到了公元前223年时，楚国已为秦国所灭。在秦王政二十六年(前221)，秦始皇一统天下，自号始皇帝，天下奇宝和氏璧在此时自然也是为秦所有，成为秦始皇坐拥国朝、号令天下和万世相传的宝物。但是11年后秦始皇驾崩，而秦始皇所开创的秦朝仅仅再苟延残喘了四年即告覆亡。

秦朝灭亡之后，后世学人普遍怀疑和氏璧被琢刻成了传国玉玺。如此在接下来的2200多年时间里，和氏璧又与表示王朝天命所归的传国玉玺发生了一段难解难分的因缘。因为传国玉玺在秦以后一直传承，历经两汉、魏晋、隋唐以至于五代，大约在后唐清泰三年即公元936年被焚于灭国的烈火之中。传国玉玺由此前后历经1158年之久，传了上百位皇帝，谱写了一曲轰轰烈烈的玉国壮歌，使得作为“玉的国度”的中国的玉文化得以长期灿烂于世界众多悠久古老的民族文化之林。由于传国玉玺与

和氏璧同样无可复得，而关于传国玉玺的版本和材质的历史记载也是扑朔迷离，于是传国玉玺和传说中与之相关的和氏璧一起成为了中国古史的一个千古之谜，中国文化的一个神秘符号，中华民族的一个神奇传说！

在和氏璧宝玉材质千古之谜被彻底揭开、和氏璧被证明是一颗千古美钻的基础上，本专著将研究这颗困惑了中华民族2700多年之久的千古美钻的历史传承。同时将解析这颗"灵魂之石"和"帝王之石"所象征的中国人的精神和中国人的灵魂。虽然在《破解国魂和氏璧之谜(宝玉篇)》著作中，笔者已经证明，和氏璧这颗美钻是不可能被琢磨成任何形式的玉玺，和氏璧与传国玉玺完全是两个并列的和相互独立的千古奇宝，但由于在过去2000多年的历史里，和氏璧的身世与传国玉玺的身世一直纠缠不清，所以本著仍将在各章节中探讨二者之间的联系，通过研究指出传国玉玺不可能由和氏璧雕刻而来，而和氏璧作为超级大钻也不可能被雕琢成传国玉玺。

四、和氏璧历史传承之谜的研究方法

历史传承研究无疑要立足于基本的历史文献记载。为此，本著将要发掘出关于和氏璧的具有历史价值的文献记载，主要是一些历史学家和文献学家的记载，自然也包括历朝历代一些注释大家的研究心得。在这个文献发掘和证据采集的过程中，当然要论述那些证据价值似是而非的记载，根据公认的历史事实进行逻辑论辩和比较分析。比如，西汉大史学家司马迁的《史记》对于春秋战国时期的历史记载是经得起时间考验的，太史公本人的学术声望和《史记》的学术价值是公认的，因此本文将对《史记》有多处引用，并从《史记》记载出发，旁征博引，对一些关键历史事件进行交叉论证。

对于本著的研究，考古学、历史学与训诂学、文献学等多学科相互结合的研究方法是必须的。笔者相信，综合多门学科的研究方法和研究手段来探讨和氏璧的历史传承之谜，将会带给中国历史学界、中国考古学界、中国文博学界以及中国人类学界一些不同寻常的反响。

五、有关和氏璧最早的发现时代

和氏璧历史传承之谜研究涉及有关和氏璧最早的发现时代。和氏璧作为春秋战国时期名噪天下的绝代宝物,最早为春秋时期楚国人氏卞和所得。虽然一般认为卞和所献的楚国三代国王是楚厉王、楚武王和楚文王,但这一结论是需要进行学术研究和学术认证的。

和氏璧的最早发现时代在战国时期著名法家韩非的《韩非子》中曾有记述;在西汉时期历史学家刘向的《新序》中也有记述;在东汉时期文献学家王逸的《楚辞章句》中有记述;在东汉时期经学家应劭、高诱、许慎等的著作中也有论述。此外,东汉时期的文学家蔡邕所著的《琴操》中也有描述。但这些大家所记述的和氏璧最早的发现时代是有差别的,比如韩非记述的卞和三献的时代分别为楚国厉王、武王和文王时代,刘向的《新序》记述的则是厉王、武王和成王时代,东汉学者应劭、高诱、许慎记述的是楚国武王、文王和成王的三王时代。而尤为荒唐的是,在东汉文学家蔡邕的记述中,卞和三献的时代成了楚国怀王、平王和荆王的三王时代。那么,和氏璧最早的发现时代究竟如何呢?

六、和氏璧在春秋战国时期的历史地位

人类战争的本质就是追求财富,而财富最具体的体现就是土地、人口和宝藏,可能也包括一些倾国倾城的绝色美女。整个春秋战国时代的战争,无非也是围绕着这四个主题在周而复始、循环往复地进行。和氏璧在战国时代的价值远远超过“万金”,必须至少拿十五座城池才能交换。这就意味着,和氏璧本身就是惊人的财富,而且是高度浓缩、可以随时携带、随时转移的财富。不仅如此,和氏璧本身还具有特殊的意义,作为春秋战国时代的珠宝之最、当时天下的财富之最,还有一个象征意义,就是代表天下至高无上的权力和至高无上的荣耀,以至于这一权力、荣耀和地位甚至可与周天子的九鼎相媲美。

可以毫不夸张地说,整个春秋战国的历史,大约就是围绕对于周天子九鼎与和氏之璧的争夺而展开的,而最终的结果就是,这两大宝物都成了

一统天下的秦始皇的囊中之物。

七、和氏璧在五霸争强的春秋时期

春秋时期也是五霸争强的时代。西汉王褒著《四子讲德文》认为春秋五霸先后为齐桓公（前 685—前 643 在位）、晋文公（前 636—前 628 在位）、楚庄王（前 613—前 591 在位）、吴王阖闾（前 514—前 496 在位）和越王勾践（前 497—前 465 在位），本著中笔者认同这一提法。

在五霸争强的春秋时期，和氏璧是如何在楚国传承的呢？这里史书上几乎没有直接的记载，后世学人也几乎无从下手。因此，笔者只能从相关的史实出发，进行合理的推论。

通过研究，笔者发现，楚国各代国王所遵循的原则大约是“邦之利器，不可以示人”和“国之宝器，其在得贤”。以此为原则，楚国击退了各诸侯国觊觎楚国国宝的各种狼子野心。

齐桓公首霸春秋，曾经建议周天子以“江汉之珠”作币，以使位处江汉之地的楚国能够朝拜和归顺周天子。那么，这里的“江汉之珠”与同产于江汉之地的“和氏之璧”又是什么关系呢？

继齐桓公之后称霸春秋的是晋文公，这位国君在即位前曾经流亡楚国，在楚国观赏过楚国的国宝，在“退避三舍”的成语的典故中提到过楚国的玉、帛，虽然这里的美玉未必就是指楚国国宝和氏璧，但根据逻辑推测，这位逃亡途中的王孙是否听说过楚国的“和氏之璧”国宝呢？

晋文公之后则是楚庄王“一鸣惊人”，大举北伐，进而“问鼎中原”。在这个楚王独霸春秋的时代里，大概没有哪个诸侯国敢于觊觎楚国的国宝。

但历史演变到了楚昭王时代，力图称霸中原的吴国竟然打败了大国楚国，并占领了楚国的国都郢城，大肆抢掠。后来楚国在秦哀公的出兵帮助下，才得以击退吴国。但此时的楚国国力大大下降，于是出现了晋定公谋楚的外交事件：楚国大臣王孙圉在拜会晋定公时，晋定公的相国赵简子语意双关地问起楚国国宝“白珩”来，幸得王孙圉机智作答，楚国不宝“哗嚣之美”，才迫退了晋国的觊觎之心。那么，这一外交事件中的主题“白珩”又是什么国宝，与楚国的和氏之璧又有什么关系呢？

八、和氏璧在七雄混战的战国时期

历史进入战国时期,各诸侯国争夺土地、人口和财富的混战也到了如火如荼的阶段。

到了楚宣王时期,秦国在有法家商鞅辅佐的秦孝公的统治下已然是兵强马壮,国力雄厚,且大有一吞六合之气。秦孝公窥伺楚国国宝和氏璧,曾想为此出兵侵楚,但是因为遭遇到楚国一代名臣昭奚恤的机智,而只好作罢。

到了楚威王时期,威王气势如虹,一举灭越吞吴,一雪吴国曾经亡郢的奇耻大辱,于是将楚国国宝和氏璧赏赐给了灭越吞吴的大功臣昭阳将军。但是根据史籍记载,昭阳却不幸遗失了和氏璧,从此引出诸侯争夺、天下大乱的局面,楚国从此也变得不能安生。

首先是时为昭阳府门客的魏人张仪因被怀疑窃璧而受辱,于是愤而离开楚国,去到秦国,被秦惠文君(前 356—前 310 在位)拜为相国,从此发誓报复楚国。这里的秦惠文君后来在张仪辅佐下称王,人称“秦惠文王”或“秦惠王”,他就是秦国一代有为国君秦孝公的儿子,于公元前 338 年秦孝公死时即位。当时担任太子太傅的公子虔因曾受商鞅刑罚而借故诬告商鞅谋反,商鞅被迫逃亡,但被继任新君秦惠文君生擒杀死,且在死后还被五马分尸,并加灭族之罪。可见秦惠文王之毒,远甚于其父秦孝公!这位与其父亲一样,时刻惦记楚国国宝和氏璧的雄才大略的国王与因和氏璧受辱楚国而一心报仇雪恨的张仪一结合,意味着楚国和楚国国宝和氏璧将要大难临头了。楚国的和氏璧已然被昭阳丢失,算是逃过一劫。但是,楚怀王可被秦惠文王和秦相张仪给害得兵挫地削,最后落入秦惠文王的儿子秦昭襄王所设骗局竟然客死于秦。

无论如何,和氏璧最终突然出现在赵国。后世学者对于和氏璧流入赵国的方式和时间争议颇多,但和氏璧究竟是通过什么方式在什么时候来到赵国的呢?我们目前能够知道的是,赵惠文王最终拥有了和氏之璧。

但来到赵国的和氏璧好像并没有给赵国带来一天的福气,反而是一身的晦气。因为秦惠文王的儿子秦昭襄王(前 325—前 251 在位)在反复构陷楚怀王、谋取楚国国宝和氏璧而不得的情况下,听说赵惠文王居然轻

易地得到了天下奇宝和氏璧，不禁勃然大怒。于是派遣使者假意提出以十五城来交换时为赵国国宝的和氏之璧。这里的秦昭襄王史称“秦昭王”，是秦惠文王之子，秦武王之弟，他的爷爷就是那位时刻惦记楚国和氏璧的秦孝公。

好在赵国还有人才。蔺相如在出使强秦时，以其大智大勇最终“完璧归赵”，在中国历史上留下千古绝唱。蔺相如并从此被拜为相国，与大将廉颇一起戮力同心、协调一致、数拒强秦，为保卫赵国和保卫赵国国宝和氏璧立下了汗马功劳。但赵国毕竟是弱国，为一块宝玉而拒绝强秦是要付出代价的。那么，“完璧归赵”固然是中国历史上的千古绝唱，但有没有为赵国带来副作用呢？“完璧归赵”的主角蔺相如被拜为上卿之后的最终命运如何？将相联手、数拒强秦、保卫赵国国宝的局面究竟维持了多久？这些都是困扰中国史学界的系列难题，本著将一一给予解答。

“完璧归赵”的外交事件使得秦昭王已经到手的和氏璧又被蔺相如飞掉了。不甘心于如此外交羞辱的秦昭王决心拜范雎为相，为着继续争夺和氏璧和赵国土地，悍然发动了中国历史上最为血腥的“长平之战”。史学家已经知道的是赵国在“长平之战”惨败，秦军血洗长平，坑杀45万赵国士卒，原因是廉颇在“长平之战”中被解除了兵权。那么，此时的蔺相如在干什么呢？“长平之战”之后，蔺相如的命运又如何呢？与蔺相如的命运息息相关的和氏璧的命运又如何呢？

秦军经过“长平之战”后，并乘胜追击，首次进围赵国首都邯郸，赵国国运危在旦夕！

然而就在赵国生力军被消灭殆尽、赵国首都邯郸命悬一线的危机关头，奇迹出现了：秦国莫名其妙地命令撤军，围困赵都的大将白起跟着被撤职，并被最终问斩。邯郸首围被彻底解除，赵国死里逃生，并赢来了求助楚、魏等国诸侯援军的宝贵战机。这是世界军事史上最为刁诡的奇迹，但这一奇迹让后世学人百思不得其解。现在历史学家给出一般的解释是，当时的赵孝成王倚重说客苏代，以苏代的雄辩术劝说秦相范雎，挑起范雎对于秦国大将武安君白起的妒火，以接受赵国进献土地为条件而解围邯郸。但我们知道，秦国的战略目的是抢劫赵国财宝并最终灭掉赵国，所以这样的解释有点过于穿凿附会，因此很难自圆其说，其中必定另有缘由。

本著将从赵国国宝和氏璧的命运的角度，对这一世界军事史上最为刁诡的奇迹给出令人信服的解答。

至于邯郸首围解除之后，秦王继续派兵围攻邯郸，显见是秦昭襄王以为可以从此灭掉赵国而达其最终的战略目标。但是赵国因为邯郸初围解除而赢得了宝贵的喘息之机，而且魏国和楚国的援军也已赶到，加上廉颇将军复职和积极组织抗秦，邯郸之围得以最终解除。

虽然赵国最终在公元前 228 年被秦国大将王翦所灭，赵王得以苟延残喘的代国也在公元前 222 年被秦国大将王贲所灭，但是西汉司马迁所著《史记・李斯列传》清清楚楚地记载：早在秦王政十年（前 237）李斯上秦王《谏逐客书》中已经说到和氏璧在当时已经为秦所有。所以赵璧入秦必然是在公元前 237 年以前的一个重大政治事件中发生的。那么，这个导致赵璧入秦的重大政治事件是哪一个事件呢？通过科学探索，本著将给出一个满意的答案。

九、和氏璧在一统天下的秦始皇时期

为着争夺一块绝世宝玉和氏璧，秦国对各大诸侯国发动了一次又一次咄咄逼人的攻势和一场又一场残酷激烈的战争，最终夺取了和氏璧，并于公元前 221 年统一了六国。从此，中国由一个诸侯割据称雄的封建国家转变为一个专制主义的中央集权的封建国家，秦始皇最终独拥和氏璧而一统天下，和氏璧于是成了皇帝帝位和权势的象征，表征着国家权势和国家福运。因此笔者完全可以说，一部壮怀激烈的春秋战国史，其实就是一部围绕着旷世名玉和氏璧的血泪史和荣耀史！

但是秦朝很快就覆灭了，至少在整个汉朝（前 202—220）422 年、三国时代（220—280）60 年、西晋（265—316）51 年与东晋（317—420）103 年的漫长时间里，人们看不到任何有关和氏璧与传国玺之间联系的记载。至少在西汉和东汉时期，两汉人才济济，学者如云，可竟然没有片言只字谈到和氏璧与传国玺之间有什么联系。和氏璧与传国玺发生关联的记载是在秦朝灭亡 650 年后的北魏时期，当时北魏著名学者崔浩（381—450）有记："李斯磨和氏璧作之，汉诸帝世传服之，谓传国玺"（唐玄宗年间著名学者张守节著《史记正义》引）。这时的和氏璧已经被错误地等同于另一件天下奇宝——传国玉玺了。那么问题是，真正的和氏璧到哪里去了呢？

本著将通过详细的学术论证，为和氏璧的最终归宿寻找科学答案。

十、和氏璧是世界历史上最波澜壮阔、波诡云谲的超级大钻

和氏璧是一颗超级大钻，超级美钻，对于春秋战国时期（前 770—前 256）的中国历史影响至深且远。本著就是要研究这颗超级大钻的历史传承，为这样一颗中国人的“灵魂之石”和“帝王之石”树碑立传。

钻石作为“宝石之王”，其价值已然是独占群芳、鹤立鸡群了，而超级大钻作为钻石中的佼佼者，更是被誉为国家财富的象征，所以自古以来就被各个国家、各个民族视为当之无愧的国宝而长期留芳史册。

印度自古就是一个出产钻石的国家，印度历史上最悠久且最著名的钻石是“光明之山”，该钻石具有世界范围的影响力。“光明之山”钻石大约也是世界上最古老而又保存到现在的一颗巨大钻石，传说它有超过 3000 年的历史，但是缺乏学术证据；而一般的认为是有关这颗钻石最早的记载始自 1304 年。

蒙古人巴卑儿（Zahir uddin Babur）于 1519 年率领 1.2 万人的军队，从阿富汗出发打败了由洛迪（Ibrahim Lodi）苏丹指挥的、装备有 100 头大象的 10 万印度军队，并于 1526 年在印度建立起蒙古人的莫卧儿王朝。该年，印度阿格拉统治者——古瓦丽土邦主，将“光明之山”钻石送给了莫卧儿王朝的开国皇帝巴卑儿，以寻求保护。这颗钻石据说是 Ala - ed - din 苏丹于 1304 年从马尔瓦（Malwa）的首领处获得的。1739 年，波斯苏丹纳狄沙（Nadir Shah）攻占印度，洗劫了莫卧儿王朝的珍宝，其中就包括“光明之山”钻石和著名的“孔雀御座”。其后，“光明之山”钻石几经周折，最后为印度锡克人首领辛格所有。1849 年 3 月 29 日，英国驻印度总督获得“光明之山”钻石，献给英国维多利亚女王。当钻石运抵英国时，英国人喜出望外，万人空巷地观看了这颗大钻。

除了“光明之山”钻石外，印度历史上还有很多颗超级大钻，其中之一就是“莫卧儿大帝”金刚石。该钻石在世界范围内的影响力可能要超出“光明之山”钻石。但“莫卧儿大帝”钻石大约于公元 1665 年之后神秘消

失。为此,世界各国学者进行了艰苦的探索,但收效甚微。大约 350 年后,在 2005 年 2 月 17 日,台湾《中国时报》高调报道了台湾的中央通讯社向全世界所播发的电讯通稿——“学者指慈禧含殓夜明珠即遗失 300 多年金刚石”:

> 中国科学院广州地球化学研究所王春云博士最新研究指出,慈禧太后大殓时含于口中随葬、一九二八年被军阀孙殿英及部队盗走的夜明珠,应该就是由印度莫卧儿王朝沙·贾汗(Shah Jahan)国王命名,已遗失将近三百五十年的“莫卧儿大帝金刚石”(the Great Mugul)原石。
>
> ……
>
> 过去三百多年间,世界各国金刚石学者一直在争论“莫卧儿大帝金刚石”是否被切割成其他钻石,被怀疑的名钻包括“光明之山”(Koh－I－Noor,由大英帝国王室收藏,镶嵌在伊丽莎白女王王冠上)、“光明之海”(Darya－i－Nur,曾由伊朗王室收藏,镶嵌在伊朗国王巴勒维王冠上)、“光明之眼”(Noor－ul－Ain,曾由伊朗王室收藏,镶嵌在伊朗国王巴勒维王冠上)、“奥尔洛夫”(Orloff,曾由俄罗斯沙皇皇室收藏,镶嵌在凯瑟琳女王权杖上)、“月亮之山”(Moon of the Mountains,曾由俄罗斯沙皇皇室收藏,目前去向不明)等。
>
> ——学者指慈禧含殓夜明珠即遗失三百多年金刚石
>
> 台湾中央通讯社电讯通稿,2005 年 2 月 17 日

事隔 350 年后,“莫卧儿大帝金刚石”再次浮出水面。看来,一颗伟大钻石的历史永远不会终了。

而和氏璧就是一颗这样的超级钻石,到今天为止已经有着至少 2750 年的辉煌历史!

本著的学术探索和学术发现将展开千古美钻和氏璧的辉煌历史。

致谢:特别感谢广州国英科技翻译中心创立的国英科技基金在过去的九年时间里对我的生活所提供的始终如一的财政支持。很难想像,在政府没有提供任何经费支持的情况下,如果再没有民间基金的支持,本研究项目会如何取得成功。谨以此记。

第一章　和氏璧历史研究现状

现在我们知道，和氏璧的历史传承就是一颗超级大钻的历史传承。在和氏璧面世之后的2700多年的中国历史文化里，和氏璧的历史传承一直是一个至今未解的千古之谜！时至今日，大约有超过100本的各种各样的面向广大青少年读者的所谓“未解之谜”系列丛书仍将和氏璧的历史传承评定为各种名头的“未解之谜”，如“和氏璧之谜”、“中国史籍中的和氏璧之谜”、“一块引发数场战争的美玉——和氏璧”、“卞和献玉的故事”、“和氏璧踪迹之谜”、“国宝和氏璧怎么丢失的”、“和氏璧下落之谜”、“和氏璧最终流落何方”、“千年国宝和氏璧流落何方”、“秦始皇登基用和氏璧雕刻皇玺之谜”、“传国玉玺和氏璧之谜”、“秦始皇传国玉玺下落追踪”、“秦始皇传国宝玺之谜：千古疑团何人解”，等等。

由此可知，即便是“卞和三献”的年代也是千古之谜，其他如和氏璧的历史传承、和氏璧的最终下落、传国玉玺与和氏璧的关系、与和氏璧相关的传国玉玺的历史传承和最终下落等等也都是些未解的千古之谜。

从《破解国魂和氏璧之谜（宝玉篇）》专著，我们现在可以明白，传国玉玺与和氏璧没有任何关系，前人学者认为有联系的所有论述现在都应该是被彻底否定的时候了。但就和氏璧作为千古美钻的历史传承的研究来说，笔者认为至少涉及如下一系列问题。

一、有关和氏璧最早的文献记载

一般认为，是战国时期的法家韩非所撰的《韩非子》首先记下了“卞和三献”这个凄惨悲婉的动人故事，比如文史学者王绍玺（2000）、翔锋（2003）等都如此主张。但是地质学家袁奎荣和邓燕华（2005）明确指出，和氏璧的记载最早见于《荀子·大略》的记述：“和氏璧，井里之厥也，玉人

琢之，为天下宝。”袁奎荣和邓燕华(2005)的这个研究进展难能可贵，但《荀子·大略》的记述却不是有关和氏璧的最早的记载。事实上，最早有关和氏璧的直接文字记载似乎为春秋时代齐国杰出的国相晏婴所记的《晏子春秋》。但是否有更早的关于和氏璧历史记载的文献呢？

根据和氏璧就是超级大钻的科学结论，笔者发现，可能是与楚成王同时代的齐国国相管仲所著《管子》中记载有“江汉之珠”，而“江汉之珠”被笔者证明很可能就是湖北江汉流域所产的金刚石(王春云，2004b)，与和氏璧可能属于同种材质。那么，《管子》关于“江汉之珠”的记载能否算作最早的与和氏璧有关的间接历史记载呢？

当然，应该承认的是，最早记述卞和三献明确历史时代的还是《韩非子》。

二、和氏璧最早的发现时代

现在一般认为，根据《韩非子》的记载，和氏璧最早是在楚厉王时代发现的。这有点想当然的味道，因为这一结论并没有经过深入的学术研究。虽然战国时期韩非首次记叙了卞和三献的楚国厉、武、文三王时代，但是西汉学者刘向和东汉学者王逸、应劭、高诱、许慎以及蔡邕等也有不少研究，这些后者的研究结论是有很大差别的。如何评价这些 2000 多年前的学者的研究工作是摆在我们面前的一个大问题。因为对于卞和三献的时代，西汉刘向记述的是厉、武、共三王时代；东汉王逸记述的是厉、武、成三王时代；东汉应劭、高诱、许慎记述的则是武、文、成三王时代；而东汉蔡邕记述的是怀、平、荆三王时代。

地质学家王根元及其同事(1997)仅是在对比韩非与蔡邕两种观点之后，选择了韩非的更为合理的说法；而文史学者王绍玺(2000)也只是在简单地罗列战国时期著作《韩非子·和氏》和汉代著作《淮南子·览冥训》、《新序·杂事》、《论衡·变动》等关于卞和三献时代的记叙后，错误地认为：“虽然对卞和所遇到的几位楚王，说法稍有差异，但是卞和所献玉三次不同经历，这块璞玉被琢成著名的和氏璧，献玉的大致时代，都是相同的。”

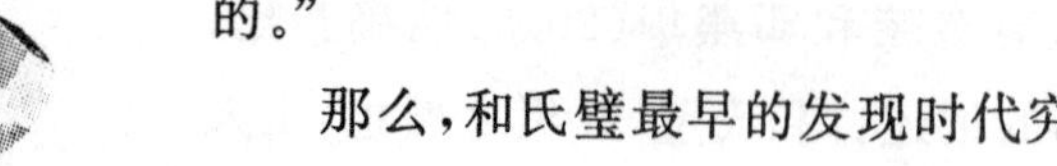

那么，和氏璧最早的发现时代究竟如何呢？

三、和氏璧在春秋战国时期的历史地位

人们当然知道和氏璧很值钱，但和氏璧在春秋战国时期究竟有什么历史地位呢？对这个问题，学者们很少去深入探讨。

事实上，春秋五霸、战国七雄的时代是一个战争频仍的年代。为什么有这么多战争发生呢？说到底，就是各大诸侯国为了追求财富。前已述及，财富最具体的体现就是土地、人口和宝藏，可能也包括一些倾国倾城的绝色美女。比如楚文王为了大美女息妫而先后灭掉了蔡侯和息侯；公元前 638 年，宋国进攻郑国，郑文公到楚国请楚成王出兵相救，楚国发兵打败宋师，郑文公两位美女夫人芈氏、姜氏在柯泽犒劳楚成王，结果楚成王却不顾礼仪，强取郑文公二姬回到楚国；楚平王将为太子建的秦国美女孟嬴强娶为自己的夫人，并为此处死大臣伍奢，逼走太子建，且把国都危亡的祸胎留给了自己的儿子楚昭王。这些直接导致公元前 506 年伍奢的儿子伍子胥与吴王阖闾一起大举伐楚，吴军占领楚都，掘楚平王墓并鞭尸三百，并且间接导致逃亡吴国的太子建的儿子白公胜在楚惠王时期返楚之后犯上作乱；再比如被吴国打败的越国通过进贡绝色美女西施达到最终灭掉吴国的军事战略，等等。可见，整个春秋战国时代的战争，的确就是围绕着上述四个主题在周而复始、循环往复地进行的。

和氏璧值多少钱呢？和氏璧在战国时代价值连城，远远超过“万金”。这是惊人的财富，是高度浓缩的财富，也是可以随时携带、远走他乡的财富。事实上，和氏璧本身还具有特殊的象征意义，因为它是春秋战国时代的珠宝之最、当时天下的财富之最，所以凝聚了天下至高无上的权力和至高无上的荣耀，这一权力、荣耀和地位足可以与周天子的九鼎相媲美。

有关和氏璧所象征的财富和权力以及所能取得的历史地位，大家只要看一看欧洲、伊朗和俄罗斯王室是如何珍藏和炫耀他们所掠夺来的超级钻石就可以明白了。比如：“光明之山”(Koh - I - Noor)大钻由大英帝国王室收藏，被镶嵌在伊丽莎白女王王冠上；“光明之海”(Darya - i - Nur)大钻曾由伊朗王室收藏，被镶嵌在伊朗国王巴勒维王冠上；“光明之眼”(Noor - ul - Ain)大钻曾由伊朗王室收藏，被镶嵌在伊朗国王巴勒维王冠上；“奥尔洛夫”(Orloff)大钻，曾由俄罗斯沙皇皇室收藏，被镶嵌在

凯瑟琳女王权杖上;"月亮之山"(Moon of the Mountains)大钻曾由俄罗斯沙皇皇室收藏,只是目前去向不明。

所有这些大钻其历史渊源都与印度莫卧儿王朝沙・贾汗(Shah Jahan)国王命名,已遗失将近350年的另一颗更为伟大的钻石——"莫卧儿大帝金刚石"(the Great Mugul)原石的命运纠缠在一起。而笔者的最新研究发现,慈禧太后大殓时含于口中随葬、1928年被军阀孙殿英及部队盗走的那颗困惑了世人将近一个世纪之久的夜明珠,就是来自印度的"莫卧儿大帝金刚石"(the Great Mugul) (王春云,2004d)。

因此,大钻即意味着财富,意味着权力,意味着至高无上的地位。和氏璧也是如此!拥有了和氏璧,就拥有了财富、拥有了权力、拥有了至高无上的地位!

四、和氏璧在五霸争强的春秋时期的历史传承

坦率地说,过往研究很少涉及到这个主题,原因是直接的历史记载和历史证据是如此的稀少,以至于学者们几乎无法探讨这个问题。而我们知道,春秋时期从公元前770年一直延续到公元前476年,前后持续了294年之久。在该时期里,周天子势力减弱,群雄纷争,先后有齐桓公、晋文公、楚庄王、吴王阖闾和越王勾践称霸。作为天下至高无上的权力和至高无上的荣耀象征的和氏璧不可能不成为诸侯争夺的目标。

本著将在相关章节中就和氏璧在五霸争强的春秋时期的历史传承进行详细论述。

五、和氏璧在七雄混战的战国时期的历史传承

战国时期从公元前476年持续至秦始皇一统天下的公元前221年,前后持续了255年之久。在这一时期,各国围绕财富、土地和人口而混战不休,和氏璧成了各诸侯国争夺的明显目标。

绝大部分学者根据西汉大史学家太史公司马迁的《史记》记载,都能知道,在楚威王时代,楚威王曾经将和氏璧赏赐给了功臣昭阳,而昭阳则不慎失璧,并为此错怪了门客张仪,接着是受尽羞辱的张仪愤而离开楚

国,来到秦国,结果被秦王拜为国相。张仪于是存心报复楚怀王,直接导致楚国兵挫地削,国势衰落;最后是赵国宦官缪贤得到了和氏之璧,秦昭王提出以十五城交换赵璧,赵国使者蔺相如出使强秦而完璧归赵,留下千古佳话。最后在秦始皇一统天下时,和氏璧被秦始皇纳为囊中之物。

但有关和氏璧在七雄混战的战国时期的历史传承所涉及到的问题是:

(1) 楚威王用和氏璧赏赐昭阳之前的战国时期,和氏璧的命运如何?

(2) 楚威王是在什么时候将和氏璧赏赐昭阳的?因为根据明代学者余邵鱼、冯梦龙和清代学者蔡元放在《东周列国志》以及清代学者杨景涓在《鬼谷四友志》中的研究,楚威王是在昭阳攻破魏国襄陵一战后才将和氏璧赏赐昭阳的。但根据司马迁《史记》所载,昭阳攻破魏国襄陵一战发生在楚怀王六年(前 323),因此昭阳获赏和氏璧的时间是有争议的。这一争议甚至导致一些人对于和氏璧是否真实存在一事产生学术上的怀疑。

(3) 同样,对于张仪在昭阳府因和氏璧失窃事受辱的时间和事件本身,后世学者也有不少争议。这些争议甚至也导致了一些人对于和氏璧是否真实存在一事产生疑问。

(4) 和氏璧如何进入赵国?司马迁并没有详细交代,这直接导致后世史家争议不断。比如北宋学者郑文宝著《传国玺谱》认为和氏璧是楚赵婚聘时楚国送予赵国的;明人余邵鱼《列国志传》、明人冯梦龙《新列国志》及清人蔡元放《东周列国志》(或者署名明余邵鱼、冯梦龙和清蔡元放等著《东周列国志》)和清人杨景涓《鬼谷四友志》认为是赵国宦臣令缪贤的门客以五百金货于盗者;当代学者王根元等(1997)则认为是楚怀王被拘于秦得间逃亡赵国时赠送赵国的。

(5) 和氏璧是如何从赵国进入秦国的呢?历来学者如明人余邵鱼、冯梦龙,清人蔡元放、杨景涓等人认为是秦灭赵时抢来和氏璧的。但这与李斯在秦王政十年(前 237)上秦王《谏逐客书》时已然提到当时秦王已经拥有和氏璧的历史记载是矛盾的。那么,和氏璧究竟是在公元前 237 年前通过什么方式从赵国进入秦国的呢?

六、关于和氏璧的最终归宿

由于此前大部分学者都认为和氏璧被琢刻成了传国玉玺，于是和氏璧的最终归宿问题则变成了传国玉玺的最终归宿问题。这里必须再次强调，《破解国魂和氏璧之谜(宝玉篇)》专著的研究成果表明，和氏璧与传国玉玺没有任何关系，和氏璧的最终归宿当然也有别于传国玉玺的最终归宿。

那么和氏璧的最终归宿如何呢？网络作家履虎尾(2003)以和氏璧作为一块中空圆环、不可能雕成玉玺为论据，认为那块中空圆环应该仍然留在秦始皇陵墓中。而《破解国魂和氏璧之谜(宝玉篇)》专著的研究成果表明，和氏璧是一颗超级大钻，不是一个中空圆环。所以，笔者的观点是，无论如何，秦始皇陵墓中应该不会有中空圆环形状的和氏璧。

那么，作为千古宝玉、千古美钻的和氏璧，其最终的归宿又如何呢？

第二章　和氏璧历史研究方法

一、科学的文献发掘

前已述及，和氏璧历史传承研究无疑要立足于基本的历史文献记载。为此，本著将要尽可能多地发掘出关于和氏璧的有历史价值的文献记载，这主要包括一些历史学家和文献学家的记载，也包括历朝历代一些注释大家的研究心得。新发掘出来的古代文献记载包括《管子》关于“江汉之珠”的记载、《晏子春秋》关于“和氏之璧”的记载、《楚辞》关于荆和之璞的论述、范雎于秦昭襄王三十六年(前 271)关于“和朴”的论述、吕不韦关于“龢氏之璧”的论述。东汉文学家蔡邕在《琴操》中关于楚昭王时期楚国大夫明光奉“瑀氏之璧”之赵的记载，战国佚名所著、西汉刘向所编《战国策·卷十八(赵策一)·苏秦说李兑》中关于赵国大将李兑以和氏之璧资助著名纵横家苏秦去秦游说的记载等等。但这些记载能不能成为科学研究的证据，还必须经历一个科学的证据采集过程和论证过程。

二、科学的证据采集

基本的历史文献记载必须经过分析，才能采集出用于论述的科学证据。比如，西汉大史学家司马迁的《史记》对于春秋战国时期的历史记载是经得起时间考验的，太史公本人的学术声望和《史记》的学术价值都是公认的。

司马迁(前 145—前 90)，是西汉著名史学家、文学家和思想家。司马迁于汉武帝元封三年(前 108)继承其父司马谈的太史令之职，开始撰写《史记》。后因替被迫投降匈奴的李陵将军辩护而获罪下狱，惨受腐刑。

出狱后贬任中书令，继续忍辱著书，终于在公元前 91 年完成巨作《史记》的撰写。《史记》被后世称为《太史公书》，是中国第一部纪传体通史，被近人梁启超(1902)称赞为“千古之绝作”，被鲁迅(1926)歌颂为“史家之绝唱，无韵之《离骚》”。司马迁的《史记》中有多处谈到春秋战国时期的和氏璧，因此本文将对《史记》历史记载有多处引用，并从《史记》记载出发，旁征博引，对一些历史事件进行交叉论证。

历史资料必须经过整理、论述和认证才能成为历史科学研究的基本数据。我们所要做到的是尽可能找出历史事实的原始记录，至少应该尽可能找出与历史事实发生时代相近、失真度较小的历史记载，而不是与历史事实发生时代相距较远，因而失真度较大的历史记载。比如，要论证和氏璧的物理性质，距和氏璧发生年代超过 1650 年的唐代道士杜光庭的记述当然就没有春秋时代或者战国时代学者的记述来得可靠和失真度更小；关于和氏璧发现的最早年代，西汉时期或者东汉时期学者的论述当然就没有战国时期学者的论述来得可靠和失真度更小。至于南北朝时期以后的学者因为在和氏璧与传国玉玺的问题上纠缠不清，其关于和氏璧记载的历史文献的真实性和学术参考价值是要打折扣的。

笔者认为，科学的文献发掘和证据采集是对于基本史实的尊重，也是一切论证工作的出发点和奠基石。

三、科学的历史分析

在文献发掘和证据采集的过程中，当然要论述那些证据价值似是而非、历来争论颇大的历史记载，根据公认的历史事实进行逻辑论辩和比较分析。比如，昭阳获璧和失璧的时间问题，和氏璧入赵的时间和方式的问题，和氏璧入秦的时间和方式的问题，和氏璧最终流向和归宿的问题，等等。

四、科学的历史训诂和文字学研究

古籍记载因为多是刻在竹简上，有些也刻在玉器、金器甚至石器、陶器上，因而常常是言简意赅，文字很少，而且缺少说明。我们的研究除了

要依赖后世注释学家的解释外，有时还得要进行正确的历史学训诂和文字学研究。比如《韩非子》关于对于和氏璧的记载，涉及到了“璞”、“理”、“宝”、“玉”、“璧”、“和”、“石”七个文字，如何正确解释呢？这些可是困惑了中国历朝历代的文字大家和训诂专家的大问题，困惑中国历史的时间长达2200多年，以至于今天，对于这些问题，笔者可以自豪地说，《破解国魂和氏璧之谜(宝玉篇)》著作已经给出了很好的解答。

此外，东汉蔡邕在《琴操》中关于楚昭王时期楚国大夫明光奉“琱氏之璧”出使赵国的记载中有一个汉字——“琱”，这个字该作何解释呢？战国时期屈原著《楚辞》中记载的“荆和”又该如何解释呢？战国时期范雎于秦昭襄王三十六年(前271)记载的“和朴”又作何解释呢？战国时期吕不韦在《吕氏春秋》中记载的“龢氏之璧”又作何解释呢？

这些都要求研究者必须具有深厚的古文字学功底，才能进行正确的历史训诂，才能正确地研究和氏璧的历史传承。

五、古代文献学知识

文献记载，无论古今，都是人类的知识产权，作为学术研究的正确应用的基本要求是要注明著作权人和成书时代。如果著作权人不幸佚名，则要标注其后世编撰人。这些大约也是基本的学术规范。我们可能没法要求古人也能遵守这些基本的学术规范，但得从我们自己做起，当然难度很大。比如《战国策》、《国语》、《春秋左氏传》、《春秋公羊传》、《春秋谷梁传》、《晏子春秋》、《吕氏春秋》的著作权人和时代如何？但注明著作权人和成书时代总比不这么做为好，否则，作为中国文化遗产的古代优秀文献可能就在一些后世学人的不经意的流传间被搞得灰头土脸，甚至面目全非。

和氏璧的历史传承研究必然要参考到无数的古代文献，因此熟悉古代文献学知识是必不可少的必修课程。

六、逻辑论证的方法

研究和氏璧，我们没有考古发掘的实验样品，没有第一手的直接观察

和描述的古籍资料,也不可能将古代见证人一一唤醒来进行询问,我们所能有的就是一些间接描述的历史文献资料。对于和氏璧的历史传承千古之谜的破解,要求要有这样一位"大法官"或者"大侦探",能够从已有的历史文献证据入手展开研究。笔者认为也只有通过研究和评价已有的历史文献证据,对原始古籍资料和派生古籍资料以及名家注释作出证据力或者信誉评定,进行证据挖掘和证据确定,以此建立一个证据相互支持、相互补充、彼此自恰的证据链条,然后通过"逻辑论证"来构筑一个个逻辑体系,以求得出和氏璧历史传承的最可能的路径及研究结论来。

这里应用的逻辑论证方法与欧洲著名人类学家詹姆斯·弗雷泽(J. G. Fraser, 1922)在研究欧洲中世纪时期的人类学问题"金枝"时所采用的"假设-验证"方法相似,即通过大量的"假设-验证"来对有关和氏璧历史传承的系列逻辑学命题进行论证。记得英国学者弗雷泽(J. G. Fraser)在研究欧洲古罗马时期内米湖畔著名的人类学问题"金枝"时,也遇到同样的不能现场取证的问题。最后他只能采取逻辑学方法靠旁征博引来进行论述,最终求得"金枝"这个人类学问题的最大可能性结论。弗雷泽历时 50 年写就的研究结论"The golden bough: A study in religion and magic"(《金枝:有关宗教与巫术的研究》) 在 1922 年得以发表。从此这部巨著的伟大学术成果巍然屹立于世界人类学领域,并且在随后的 80 多年时间里竟然无人能够超出其右。弗雷泽在研究古代历史之谜时所使用的"假设-验证"与"样本-归纳"的逻辑论证方法则是大建奇功。

这里,"假设-验证"是一种科学研究方法,与"样本-归纳"(即"归纳推论法")的推论模式顺序刚好相反,与英国著名科学哲学家卡尔·波普(Popper, 1968)的科学哲学思想和"证伪主义"或者说"批判的理性主义"论证方法非常相似。因为卡尔·波普也认为:科学研究的起点不是观察(事实或语言),而是问题(猜想或假说);科学思考最基本的概念单位是可以暂时接受的科学假说;人们通过猜想与反驳的程序来获得科学理论,即大胆的猜想、严格的检验和批判。

和氏璧历史传承研究也要使用"假设-验证"的科学研究方法。比如,就昭阳获赏和氏璧的事实是否存在、获赏和氏璧的时间和方式如何等命题,我们可以从司马迁《史记》的记载入手,通过逻辑论证的方法加以研究。我们可以作出如下一系列的假设和验证。

如果昭阳没有获赏和氏璧，那么和氏璧如何流传到赵国？从昭阳失璧到赵惠文王时期发生的完璧归赵历史事件，至少有50年时间间隔，在这段时间里，和氏璧在哪里流传。

此外，如果昭阳获赏和氏璧事件发生在楚怀王六年（前323），那么，就不可能有张仪作为昭阳门客因和氏璧失窃而受辱的事件发生，因为早在楚怀王元年或秦惠文君十年（前328），张仪已被拜为秦相。

再有，如果赵璧入秦发生在秦灭赵国的公元前228年或者公元前222年，那么就没有秦王政十年（前237）李斯在《谏逐客书》中关于秦已拥有和氏璧的说法。

这些都是“证伪主义”或者“假设-验证”科学研究方法的具体运用，其结果是保证了推论过程的科学严谨，保证了预设前提的正确性。

同样原理，如果读者能够证伪本著的一些结论，就可以提出自己的新的观点来，如此便能推动和氏璧历史传承研究的进展；而如果不能证伪，只能证实，那对笔者的研究而言，就构成了一种实质的支持。

七、基本的学术规范

基本的论辩逻辑是研究工作的灵魂，而基本的学术规范也是学术工作必须遵循的准绳。基本的学术规范包括研究成果或者研究观点、研究文献发表的时间的序列性，如果后学要提出新的观点，就必须先破除前学的观点，然后自己提出新的更加强有力的证据或者研究方法来，以此论证自己的观点。否则，如果不顾前人观点而自顾自说，夸夸其谈，损害的就是学术规则。我们可能没法要求古人也能遵守这些基本的学术规范，但得从我们自己做起，尽管难度很大。

比如关于和氏璧最早的发现时代：历史文献中就有战国韩非首次记述的厉、武、文三王时代，西汉刘向第二次记述的厉、武、共三王时代，东汉王逸第三次记述的厉、武、成三王时代，东汉应劭、高诱、许慎等第四次记述的武、文、成三王时代，还有东汉蔡邕第五次记述的怀、平、荆三王时代。可这些晚于韩非的后学竟然没有提出任何新的证据来支持他们各自的学术观点，也没有参考到前学早已提出的学术观点，因此违背了基本的学术规则。这是古代学术的可悲之处！

所谓不破不立，这应该是学术的基本游戏规则，至少就做学问而言，在酱缸文化里染出来的八面玲珑、哼哼哈哈的老好人是没有学术地位的。如果今人再不从中吸取教训，而为了各种利益目的任意作文，结果便是一箩筐一箩筐的所谓“垃圾论文”、“垃圾学位”、“垃圾奖励”和“垃圾职称”的泛滥成灾。

八、和氏璧历史传承主命题和肢命题

和氏璧历史传承主命题将立足于如下至少七个肢命题的解决，即：

(1)有关和氏璧最早的文献记载肢命题；

(2) 和氏璧最早的发现时代肢命题；

(3) 和氏璧在春秋时期历史传承肢命题；

(4) 昭阳获璧和失璧的时间肢命题；

(5) 和氏璧入赵的时间和方式肢命题；

(6) 和氏璧入秦的时间和方式肢命题；

(7) 和氏璧流向和最终归宿肢命题。

总之，对于本著的研究，考古学、历史学与训诂学、文献学等多学科相互结合的研究方法是必须的。笔者相信，综合多门学科的研究方法和研究手段来探讨和氏璧的历史传承之谜，将会带给中国历史学界、中国考古学界、中国文博学界以及中国人类学界一些不同寻常的反响。

第三章 有关和氏璧最早的文献记载

战国时期的法家韩非所撰的《韩非子》首先记下了卞和三献的动人故事，这在中国是家喻户晓了。但这是不是有关和氏璧记载的时代最早的历史文献呢？不少文史学者，比如王绍玺(2000)、翔锋(2003)等，认为是的。地质学家袁奎荣和邓燕华(2005)的研究则进了一步，认为和氏璧的记载最早见于韩非的老师荀卿所著的《荀子·大略》。还是让我们一起来系统地见证一下最新的研究进展吧，看看有关和氏璧的一些时代最久远的历史文献记载吧。

一、《管子》记载的“江汉之珠”

春秋管仲著《管子·揆度第七十八》有关于“江汉之珠”的记载：

> 至于尧舜之王，所以化海内者，北用禺氏之玉，南贵江汉之珠。其胜禽兽，以大夫随之。……
>
> 桓公问管子曰：“吾闻海内玉币有七策，可得而闻乎?”管子对曰：“阴山之礝碈，一策也；燕之紫山白金，一策也；发、朝鲜之文皮，一策也；汝、汉水之右衢黄金，一策也；江阳之珠，一策也；秦明山之曾青，一策也；禺氏边山之玉，一策也。此谓以寡为多，以狭为广。天下之数尽于轻重矣。”……
>
> 珠起于赤野之末光，黄金起于汝汉水之右衢，玉起于禺氏之边山。此度去周七千八百里。其涂远，其至阸。故先王度用其重而因之，珠玉为上币，黄金为中币，刀布为下币。先王高下中币，制下上之用。
>
> ——春秋管仲著《管子·揆度第七十八》

这是春秋时期齐国一代名相管仲答齐桓公问时的国策建言。上述引

文大意是:尧舜当政时能把天下治好,是因为在北方取用禺氏的玉石,从南方取用江汉的宝珠,在驱捕野兽时让大夫参与其事。……桓公说:“我听说海内珍贵货币的利用有七种办法,可以讲讲吗?”管仲回答说:“其一,可以使用阴山所产的碝碈;其二,可以使用燕地紫山所产的白银;其三,可以使用发和朝鲜所产带花纹的皮张;其四,可以使用汝水、汉水所产的黄金;其五,可以使用江阳所产的宝珠;其六,可以使用秦地明山所产的曾青;其七,可以使用禺氏边山所产的玉石。这些都是以少控多、以狭控广的办法。所以说,天下的理财办法,莫过于轻重之术了。”……宝珠产自赤野的末光,黄金出在汝水、汉水的右衢,玉石出在禺氏的边山。估计这些地方距离周都有七千八百里之遥,着实来之不易,先王于是按其贵重程度来加以利用。先王以珠玉为上币,黄金为中币,刀布为下币,通过提高或降低中币黄金的币值,可以制约下币刀布和上币珠玉的作用。

上文中的“禺氏之玉”在《管子·轻重甲》中成了“禺氏白璧”,在《管子·轻重乙》中成了“禺氏旁山之玉”。那么“禺氏”是什么?在哪里?民国学者朱起凤(1934)在《辞通·卷一二》的“和氏”条下收有“龢氏”、“咼氏”、“禺氏”三个异目,其下有按语云:“‘和’字古亦作‘龢’;‘咼’、‘和’同音借用;‘禺’为‘和’字之误。”大约认为,“禺氏白璧”当为“和氏璧”。

但实际上,管子所讲的“禺氏”就是“月氏”,是中国西北游牧于河西走廊、昆仑山脉一带古丝绸之路上的古代民族,“禺氏之玉”当指昆仑白玉,所以朱起凤(1934)认为“禺氏白璧”当为“和氏璧”的解释是错误的。

但是,从上文记述中可以猜想,管仲当时对于江汉地区荆山出产的“宝珠”应该有深刻印象。中国南方的“江汉之珠”是什么呢?还有《管子》所载的“江阳之珠”、“赤野之珠”是什么呢?虽然有学者简单地将“珠”理解为“珍珠”,如文史学者赵守正(1982)等。但鉴于古代江汉地区并不是珍珠的产地,而且珍珠的价值很难用“千金”来衡量,所以笔者并不认同这种珍珠的解释。笔者以为,至少就“江汉之珠”而言,指产于江汉地区一种在尧舜时代就很有名气的“宝珠”,这种“宝珠”很有可能与同产于江汉地区荆山的和氏璧宝珠属于一类,即都是金刚石。至于“江阳之珠”、“赤野之珠”等是否属于珍珠还是金刚石,则另当别论(王春云,2004b)。

由此可知,从尧舜时代一直到春秋早期,“江汉之珠”曾经作为天子治理天下的贵重货币,且是“上币”。

关于《管子》中“江汉之珠”记载的真实性问题，我们可以从管仲的生平和齐桓公首霸春秋的历史事实来看。管仲（约前725—前645），名夷吾，字仲，谥号敬，史称“管子”，是周穆王的后代，春秋时代杰出的政治家和哲学家，曾经辅佐齐桓公成为春秋时期的第一霸主。《管子》、《左传》、《史记·管晏列传》等书记载有他的生活传记，《论语·宪问第十四》也有关于孔子对他的评论，北宋苏洵还专门著有《管仲传》。

管仲为相的时代，正是楚文王儿子楚成王的时代，距离楚文王获得天下奇宝和氏璧的时代很近。而且，管仲协助齐桓公首霸春秋时，楚成王一方面通过“布德施惠”、“结好诸侯”和重贡周王来巩固其王位，一方面挥兵北上，在中原地区屡次与齐桓公争霸。可见，尊王攘夷的管仲对于江汉地区荆山出产的“宝珠”可能有深刻印象，对于该宝珠之于维护周天子辖下经济和天子权威的作用也可能有深刻认识，尽管对于楚国和氏璧还没有准确认识。

公元前656年，楚成王慑于齐桓公兵威，被迫与齐缔结“召陵之盟”，暂时和中原诸侯休兵和好。但楚成王在次年即撕毁盟约，率师先后灭掉齐之盟国弦（今河南息县）和黄（今河南民权东南）。在齐桓公死后，又与宋襄公争霸中原，继而打败宋国，称雄中原。但在公元前632年的城濮之战中为晋文公所败。晋文公遂称霸春秋，阻止了楚国向中原的发展势头。

二、《晏子春秋》最早记载“和氏之璧”

春秋晏婴著、西汉刘向辑《晏子春秋卷第五·内篇杂上第五·曾子将行晏子送之而赠以善言第二·十三》有历史上最早的关于“和氏之璧”的记载：

> 曾子将行，晏子送之曰：“君子赠人以轩，不若以言。吾请以言之，以轩乎？”曾子曰：“请以言。”晏子曰：“今夫车轮，山之直木也，良匠揉之，其圆中规，虽有槁暴，不复嬴矣，故君子慎隐揉。和氏之璧，井里之困也，良工修之，则为存国之宝，故君子慎所修。今夫兰本，三年而成，湛之苦酒，则君子不近，庶人不佩；湛之縻醢，而贯匹马矣。非兰本美也，所湛然也。愿子之必求所湛。婴闻之，君子居必择邻，

游必就士，择居所以求士，求士所以辟患也。婴闻汩常移质，习俗移性，不可不慎也。”

——春秋晏婴著、西汉刘向辑《晏子春秋卷第五·内篇杂上第五·曾子将行晏子送之而赠以善言第二·十三》

关于“井里之困”：战国荀卿著《荀子·大略篇》记载：“和之璧，井里之厥也。”唐代学者杨倞注：“井里，里名。厥也，未详。或曰：厥，石也。”秦孔鲋撰《孔丛子》云：“井里之厥”，又云：“玉人琢之，为天下宝”。西晋陈寿撰《三国志·魏文帝传》裴注引《魏略》郑称拜官令曰：“和氏之璧，由井里之困”。唐道世撰《法苑珠林·二十八》引“困”作“朴”。北宋李昉等撰《太平御览·八百六》和辽代希麟撰《续一切经音义·六》也引“困”作“朴”。唐马总著《意林》作“井里璞耳”。

关于“良工修之，则为存国之宝”：战国荀卿著《荀子·大略篇》作“玉人琢之，为天子宝。”唐马总著《意林》作“则成宝”。北宋李昉等撰《太平御览·八百二》引作“为天下宝”。明程登吉《幼学琼林》作“则为国宝”。

这里晏子认为，“和氏之璧”是产自井里的一块玉璞，后经过良工的修饰，才成为国宝，因此君子要注意修身。

《晏子春秋》可说是目前所知最早记载“和氏之璧”的古代文献，由此可以彻底否定东汉蔡邕在《琴操》中所谓楚怀王时期才发现和氏璧的说法！

关于《晏子春秋》有关和氏璧记载的真实性问题，我们可以从晏子生平和晏子出使楚国的史实来考证。晏子(前595—前500)，名婴，字平仲，春秋后期齐国名相、政治家、思想家和外交家，以有政治远见和外交才能、作风朴素而闻名诸侯，其历史地位可媲美于春秋初年的著名政治家管仲。作为春秋时代著名外交家，晏子虽身高不足五尺，但智慧过人，特别能言善辩。

晏子曾经出使楚国，楚灵王接待过他，估计他在楚国时是听说过楚国国宝和氏璧的，所以才有了《晏子春秋》关于和氏璧的记载。《晏子春秋·晏子使楚》还记录了楚灵王接待晏子时故意搞出的外交事件。楚灵王是楚共王的儿子，楚庄王的孙子，公元前540年至公元前529年在位。他是杀了侄儿楚郏敖自立的，在他即位的时候，是楚国最强盛的时候。当时齐

国称霸的盛世已过，楚灵王的爷爷楚庄王一鸣惊人，称霸春秋，为子孙打下了大好江山。

晏子何时使楚，史无具体记载，但一定是在楚强齐弱的情况下进行的，因为晏子使楚受辱了，但晏子以自己的机智化解了这场外交危机，并因此而名垂青史。下面引述春秋晏婴著《晏子春秋·晏子使楚》的记载，是想说明晏子在楚国可能听说了楚国国宝和氏璧，但他未必亲眼看到了和氏璧，因为楚国国王从不轻易示人。

> 晏子使楚，楚人以晏子短，为小门于大门之侧而延晏子。晏子不入，曰："使狗国者从狗门入。今臣使楚。不当从此门入。"傧者更道，从大门入。
>
> 见楚王[指楚灵王]，王曰："齐无人耶？使子为使。"晏子对曰："齐之临淄三百闾，张袂成阴，挥汗成雨，比肩继踵而在，何为无人！"王曰："然则何为使子？"晏子对曰："齐命使，各有所主。其贤者使使贤主，不肖者使不肖主。婴最不肖，故宜使楚矣。"
>
> 晏子将使楚。楚王闻之，谓左右曰："晏婴，齐之习辞者也，今方来，吾欲辱之，何以也？"左右对曰："为其来也，臣请缚一人过王而行。王曰：'何为者也？'对曰：'齐人也。'王曰：'何坐？'曰：'坐盗。'"
>
> 晏子至，楚王赐晏子酒，酒酣，吏二缚一人诣王。王曰："缚者曷为者也？"对曰："齐人也，坐盗。"王视晏子曰："齐人固善盗乎？"晏子避席对曰："婴闻之，橘生淮南则为橘，生于淮北则为枳，叶徒相似，其实味不同。所以然者何？水土异也。今民生长于齐不盗，入楚则盗，得无楚之水土使民善盗邪！"王笑曰："圣人非所与熙也，寡人反取病焉。"
>
> ——春秋晏婴著《晏子春秋·晏子使楚》

三、《墨子》关于"和氏之璧"的记载

战国墨翟著《墨子·耕柱篇》有关于"和氏之璧"的记载：

子墨子曰:"和氏之璧、隋侯之珠、三棘六异,此诸侯之所谓良宝也。可以富国家,众人民,治刑政,安社稷乎?曰:不可。所为贵良宝者,为其可以利民也。而和氏之璧、隋侯之珠、三棘六异,不可以利人,是非天下之良宝也。今用义为政于国家,国家必富,人民必众,刑政必治,社稷必安。所为贵良宝者,可以利民也,而义可以利人,故曰:义,天下之良宝也。"

——战国墨翟著《墨子·耕柱篇》

这里的引文在有些传世版本里,比如北宋李昉等撰《太平御览·卷八百二·珍宝部一〇·宝》所引《墨子》语录里,被写作"和氏之璧,夜光之珠,三棘六异,此诸侯之良宝者也"。从这两个不同版本的记述,我们可以逻辑得出:"隋侯之珠"就是"夜光之珠";而且,从"和氏之璧,夜光之珠"二者的并列关系,我们也可以推出,"和氏之璧"与"夜光之珠"一样,也是一种明珠!拙著《破解国魂和氏璧之谜(宝玉篇)》关于和氏璧的宝玉材质探讨就是这么立论的。

墨子记录了当时各大诸侯国对于和氏之璧的历史地位的看法,认为和氏璧与"隋侯之珠"、"三棘六异"一样,都是当时"诸侯之所谓良宝",是"天下之宝"、"天下之至宝"。这里的"隋侯之珠"是春秋战国时期一颗很著名的宝珠,也产于江汉流域,以夜光著称,所以称为"夜光之珠"。"三棘六异"中的"棘",就是"翮","翮"为形声,字体从羽,"鬲"声,本义为羽毛中间的硬管,泛指鸟的翅膀;"异"同"翼",也指鸟的翅膀。"三棘六异"描述的是以鼎象物的"鼎",即周天子用以象征天下平定的至宝——九鼎。但这些在重义重民的墨子看来,因为"不可以利人",所以"是非天下之良宝也"。

墨子(约前 468—前 376),名翟,相传原为宋国人,后长期住在鲁国。墨子是我国战国时期著名的思想家、教育家、军事家和墨家学派的创始人,他创立了墨家学说,并有《墨子》一书传世。墨子生活的时代为春秋末年到战国初年的楚惠王时期。楚惠王是楚昭王之子,公元前 488 年至公元前 432 年在位。他即位后,接受其父楚昭王亡郢的沉痛教训,重用子西、子期、子闾等人,改革政治,发展生产,使楚国得以迅速复苏,重上战国争霸的行列。楚惠王在位时期,曾经打败楚国的吴王夫差又击败越王勾践,成为一方强霸。楚惠王九年(前 480),楚国乘吴被越打败之机,率兵

攻吴。楚惠王四十二年(前 447),灭掉蔡国,四十四年(前 445),又灭杞国(今山东安丘东北)。楚惠王五十年(前 439),楚惠王命鲁国人公输般(即"鲁班")制造云梯,准备攻打宋国,但为墨子所止。

请看战国墨翟著《墨子·公输篇》的精彩记载。笔者意在通过这段记载,使读者可以体会到墨子曾经出使过楚国,并大约对楚国国宝和氏璧有所认识。

公输盘将以攻宋。子墨子闻之,起于齐,行十日十夜而至于郢,见公输盘。公输盘曰:"夫子何命焉为?"子墨子曰:"北方有侮臣,愿藉子杀之。"公输盘不说。子墨子曰:"请献十金。"公输盘曰:"吾义固不杀人。"子墨子起,再拜,曰:"请说之。吾从北方闻子为梯,将以攻宋,宋何罪之有?荆国有余于地,而不足于民,杀所不足,而争所有余,不可谓智。宋无罪而攻之,不可谓仁。知而不争,不可谓忠。争而不得,不可谓强。义不杀少而杀众,不可谓知类。"公输盘服。子墨子曰:"然,乎不已乎?"公输盘曰:"不可,吾既已言之王矣。"子墨子曰:"胡不见我于王?"公输盘曰:"诺。"子墨子见王,曰:"今有人于此,舍其文轩,邻有敝舆,而欲窃之;舍其锦绣,邻有短褐,而欲窃之;舍其梁肉,邻有糠糟,而欲窃之。此为何若人?"王曰:"必为窃疾矣。"子墨子曰:"荆之地,方五千里,宋之地,方五百里,此犹文轩之与敝舆也;荆有云梦,犀兕麋鹿满之,江汉之鱼鼋鼍为天下富,宋所为无雉兔狐狸者也,此犹梁肉之与糠糟也;荆有长松、文梓,楩枬、豫章,宋无长木,此犹锦绣之与短褐也。臣以三事之攻宋也,为与此同类。臣见大王之必伤义而不得。"王曰:"善哉!虽然,公输盘为我为云梯,必取宋。"于是见公输盘。子墨子解带为城,以牒为械,公输盘九设攻城之机变,子墨子九距之。公输盘之攻械尽,子墨子之守围有余,公输盘屈,而曰:"吾知所以距子矣,吾不言。"子墨子亦曰:"吾知子之所以距我,吾不言。"楚王问其故,子墨子曰:"公输子之意,不过欲杀臣,杀臣,宋莫能守,可攻也。然臣之弟子禽滑厘等三百人,已持臣守圉之器,在宋城上而待楚寇矣。虽杀臣,不能绝也。"楚王曰:"善哉!吾请无攻宋矣。"

——战国墨翟著《墨子·公输篇》

四、《楚辞》关于荆和之璞的论述

战国屈原所著《楚辞·九叹·怨思》也有关于荆和之璞的论述：

惟郁郁之忧毒兮，志坎壈而不违。
身憔悴而考旦兮，日黄昏而长悲。
闵空宇之孤子兮，哀枯杨之冤鶵。
孤雌吟於高墉兮，鸣鸠栖於桑榆。
玄蝯失於潜林兮，独偏弃而远放。
征夫劳於周行兮，处妇愤而长望。
申诚信而罔违兮，情素洁於纽帛。
光明齐於日月兮，文采燿於玉石。
伤压次而不发兮，思沈抑而不扬。
芳懿懿而终败兮，名靡散而不彰。
背玉门以奔鹜兮，蹇离尤而干诟。
若龙逢之沈首兮，王子比干之逢醢。
念社稷之几危兮，反为雠而见怨。
思国家之离沮兮，躬获愆而结难。
若青蝇之伪质兮，晋骊姬之反情。
恐登阶之逢殆兮，故退伏於末庭。
孽臣之号咷兮，本朝芜而不治。
犯颜色而触谏兮，反蒙辜而被疑。
菀蘼芜与菌若兮，渐稿本於洿渎。
淹芳芷於腐井兮，弃鸡骇於筐簏。
执棠谿以刜蓬兮，秉干将以割肉。
筐泽泻以豹鞹兮，破荆和以继筑。
时溷浊犹未清兮，世殽乱犹未察。
欲容与以俟时兮，惧年岁之既晏。
顾屈节以从流兮，心巩巩而不夷。
宁浮沉而驰骋兮，下江湘以邅回。

——战国屈原著《楚辞·九叹·怨思》

这里要首先介绍屈原的背景。屈原(约前340—前278),名平,字原,屈原是战国末期楚国人,杰出的政治家和爱国诗人,是楚武王熊通之子屈瑕的后代,一生经历了楚威王、楚怀王、顷襄王三个时期,但主要活动于楚怀王时期。屈原早年深受楚怀王的宠信,被立为左徒、三闾大夫。屈原对内辅佐怀王变法图强,对外主张联齐抗秦,由是楚国一度国富兵强,威震诸侯。但由于上官大夫等人的嫉妒,屈原后来遭到楚怀王的疏远。

魏人张仪在楚威王时期因和氏璧失窃事件受辱于昭阳府,从此发誓报复楚国。怀王十五年(前304),已成为秦相的张仪由秦至楚,以重金收买靳尚、子兰、郑袖等人,同时以"献商於之地六百里"诱骗怀王断绝秦国一直担心的齐楚之交。怀王受骗后恼羞成怒,两度出兵秦国但均遭惨败。此时屈原奉命使齐,重修齐楚旧好。但就在屈原出使齐国期间,张仪又一次由秦至楚,瓦解齐楚联盟,致使秦楚两国于怀王二十四年(前295)订结黄棘之盟,而屈原亦被楚怀王放逐。直到楚怀王三十年(前289),屈原才回到郢都。同年,秦昭襄王欺骗楚怀王于武关相会,并最终扣留怀王,使得怀王客死于秦。

继位的楚顷襄王继续实施投降政策,屈原再次被放逐。在楚顷襄王二十一年(前278),秦将白起攻破郢都时,屈原悲愤至极,投汨罗江自尽。

西汉末年经学家、历史学家刘向搜集屈原、宋玉等人的作品,辑录成《楚辞》,东汉学者王逸作注,著有《楚辞章句》。《楚辞》中收录有战国屈原所著《九叹·怨思》诗句:"筐泽泻以豹鞹兮,破荆和以继筑"。东汉学者王逸注"泽泻"为草,一种可作泻药的毒草;注"鞹"为革,皮革;注"荆和"为楚国国宝和氏璧。于是对于"筐泽泻以豹鞹兮",王逸的解释是"言取泽泻恶草盛于革囊,满而藏之,无益于用也";对"破荆和以继筑",王逸的解释是"破和氏之璧以继筑杵而舂,败玉宝而失其好也。"实际上,在诗人眼里,"泽泻"表示恶草,喻指奸邪小人,而"荆和"为楚国宝玉和氏璧,喻指自己的高洁品质。诗人为着楚国命运奔走呼号,却遭奸佞迫害,只好眼睁睁地看着国宝离散、家破国亡,于是有了上述悲愤的诗歌。诗句说明屈原对于楚国国宝是有所认识的,而且在屈原的时代,楚国已经丢失了国宝,楚国的命运已经危在旦夕!

屈原之后,东晋葛洪著《抱朴子·名实》记载:"故琼瑶俟荆和而显连城之价,乌号须逢门而着陷坚之功"。南朝梁范缜著《神灭论》记载:"玉异

色而均美，是以晋棘荆和，等价连城”。这里面的“荆和”都指“和氏璧”。至于明高叔嗣著《古歌》诗：“荆和当路泣，良璞为谁明”。其中的“荆和”则指楚人卞和。

五、《战国策》关于“楚有和璞”的记载

战国佚名著、西汉刘向辑《战国策·卷五·秦三·范子因王稽入秦》载范睢于秦昭襄王三十六年(前271)所著《献秦昭王书》内容摘要如下：

> 范子因王稽入秦，献书昭王曰：“臣闻明主莅正，有功不得不赏，有能者不得不官；劳大者其禄厚，功多者其爵尊，能治众者其官大。故不能者不敢当其职焉，能者亦不得蔽隐。使以臣之言为可，则行而益利其道；若将弗行，则久留臣无为也。语曰：‘人主赏所爱，而罚所恶。明主则不然，赏必加于有功，刑必断于有罪。’今臣之胸不足以当椹质，要不足以待斧钺，岂敢以疑事尝试于王乎？虽以臣为贱而轻辱臣，独不重任臣者，后无反复于王前耶？
>
> 臣闻周有砥厄，宋有结绿，梁有悬黎，楚有和璞。此四宝者，工之所失也，而为天下名器。然则圣王之所弃者，独不足以厚国家乎？臣闻善厚家者，取之于国；善厚国者，取之于诸侯。天下有明主，则诸侯不得擅厚矣。是何故也？为其凋荣也。良医知病人之死生，圣主明于成败之事，利则行之，害则舍之，疑则少尝之，虽尧、舜、禹、汤复生，弗能改已！语之至者，臣不敢载之于书；其浅者又不足听也。意者，臣愚而不阖于王心耶！抑其言臣者，将贱而不足听耶！非若是也，则臣之志，愿少赐游观之间，望见足下而入之。”书上，秦王说之，因谢王稽，使人持车召之。
>
> ——范睢著《献秦昭王书》
>
> 战国佚名著、西汉刘向辑《战国策·卷五·秦三·范子因王稽入秦》转载

西汉司马迁著《史记·范睢蔡泽列传》也记载有范睢于秦昭襄王三十六年(前271)所著的《献秦昭王书》：

> 且臣（范雎）闻周有砥砨（砨），宋有结绿，梁有悬藜，楚有和璞。此四宝者，土之所生，良工之所失也，而为天下名器。然则圣王之所弃者，独不足以厚国家乎？
>
> ——西汉司马迁著《史记·范雎蔡泽列传》记载

《战国策·卷五·秦三·范子因王稽入秦》与《史记·范雎蔡泽列传》所载范雎于秦昭襄王三十六年（前 271）所著《献秦昭王书》说的是，周天子的“砥砨”、宋国的“结绿”、魏国的“悬藜”和楚国的“和璞”是天下四宝，都是自然生成的，都被玉人鉴定走眼了，但却都是天下的名器！

这里需要介绍一些背景资料。范雎（？—前 255），战国魏人，于公元前 266 年被秦昭襄王拜为丞相，受封于应城（今河南鲁山之东），故号为“应侯”。范雎是秦国历史上继商鞅、张仪之后的一代名相、政治家、军事谋略家和纵横家，在秦国政治、外交方面都非常有建树，对秦的强大和统一天下起了重大作用。他之后的秦相李斯在评价他时指出：“昭王得范雎，强公室，杜私门，蚕食诸侯，使秦成帝业。”这里的秦昭襄王是秦惠文王的儿子，秦武王的异母弟弟，公元前 306 年至前 251 年在位。昭襄王即位之初由其母宣太后当权，外戚魏冉为相。魏冉也不简单，举白起为将，先后战胜三晋、齐、楚等国，取得魏的河东和南阳、楚的黔中和楚都郢（今湖北江陵西北）。

秦昭襄王三十六年（前 271）时，意欲大展拳脚。刚好在这一年，魏人范雎来秦，为求职于秦昭襄王而上《献秦昭王书》。该书是秦国政治史上的重要历史文件，应该是真实的历史记载，因为书中阐述了一系列强国大计，特别提到了当时四大“天下名器”：周有砥砨（砨）、宋有结绿、梁有悬藜、楚有和璞。这些天下四宝或者天下名器后来都一一被秦王收入囊中，可见范雎当时的献策已经拟定了通过战争掠取这些天下财宝的战略。

从《献秦昭王书》我们可以知道，赵惠文王十六年（前 283）时赵国依赖蔺相如和廉颇的将相和尚能完璧归赵，到了一心念叨和氏璧的范雎被拜为秦国国相时，可能不得不金瓯有失了。

无论如何，公元前 266 年，昭王听信范雎的话，削掉了宣太后、魏冉等人的权力，而拜范雎为相国，改行范雎提出的远交近攻策略，接着于公元前 260 年在长平（今山西高平西北）大胜赵军，并于公元前 256 年灭掉东

周，由此奠定了秦国统一战争的胜利基础。

六、《吕氏春秋》关于“龢氏之璧”的论述

战国吕不韦辑《吕氏春秋·卷第十·异宝四》关于“龢氏之璧”的论述如下：

> 今以百金与抟黍以示儿子，儿子必取抟黍矣；以龢氏之璧与百金以示鄙人，鄙人必取百金矣；以龢氏之璧、道德之至言以示贤者，贤者必取至言矣。其知弥精，其所取弥精；其知弥觕，其所取弥觕。
>
> ——战国吕不韦辑《吕氏春秋·卷第十·异宝四》

《吕氏春秋·卷第十·异宝四》这里所记载的“龢氏之璧”就是“和氏之璧”。文中说的是龢氏之璧和百金与实用之物相比，实用之物更有优势，而实用之物包括饱腹食物和至理名言。

不仅如此，《吕氏春秋·贵生》还记有与和氏之璧几乎齐名的“随侯之珠”，说明该珠形状类似于“弹”，即“弹珠”，非常昂贵；如果“以随侯之珠弹千仞之雀，世必笑之”。

> 凡圣人之动作也，必察其所以之，与其所以为。今有人于此，以随侯之珠弹千仞之雀，世必笑之，是何也？所用重，所要轻也。夫生岂特随侯珠之重也哉？（唐欧阳询等撰《艺文类聚卷第八十四·宝玉部下·珠》有引）
>
> ——战国吕不韦辑《吕氏春秋·贵生》

《吕氏春秋·必己》记载宋桓司马宝珠失窃，宋王于是竭泽而渔、因而殃及池鱼的故事：

> 宋桓司马有宝珠，抵罪出亡，王使人问珠之所在，曰：‘投之池中。’于是竭池而求之，无得，鱼死焉。此言祸福之相及也。（唐欧阳询等撰《艺文类聚卷第八十四·宝玉部下·珠》有引）
>
> ——战国吕不韦辑《吕氏春秋·必己》

这里有必要介绍吕不韦的背景资料。吕不韦，卒于公元前 325 年，战国末年卫国濮阳人，原籍阳翟（今河南禹县）。开始是阳翟的大商人，通过低买高卖而累积千金，后在赵都邯郸见入质于赵的秦王孙公子异人（后改名子楚），认为“奇货可居”，遂予重金资助。同时离赵入秦，亲自游说秦太子安国君的宠姬华阳夫人，立子楚为嫡嗣。公元前 257 年，当赵都邯郸尚被秦军包围之际，子楚与吕不韦用计逃出邯郸，安全回到秦国。安国君于公元前 251 年继位为秦孝文王，子楚遂为太子。次年（前 250），子楚继位为秦庄襄王，吕不韦被任为丞相，并封为文信侯。公元前 247 年，庄襄王卒，年幼的太子政立为王，尊吕不韦为相国，号称“仲父”。吕不韦于是命食客编著《吕氏春秋》，汇合了先秦儒、墨、名、法各派学说，史称“杂家”。

唐初司马贞著《史记索隐》时说：“楚人卞和得玉璞事见《国语》及《吕氏春秋》。”显见吕不韦所撰《吕氏春秋》对于卞和献玉之事非常清楚。这里的“龢氏之璧”在东汉班固撰《汉书·叙传》中也有记载：“宾又不闻龢氏之璧，韫于荆石，随侯之珠，藏于蚌蛤虖？”唐颜师古注：“龢，古‘和’字”。

从《吕氏春秋》关于“龢氏之璧”的记载，似乎可以得出这样的结论：在公元前 247 年吕不韦担任相国、被尊为“仲父”、开始编纂《吕氏春秋》时起，《吕氏春秋》所记载和描述的“龢氏之璧”可能已经为秦所有了。

七、《荀子》关于“和氏之璧”的记载

战国荀况著《荀子·大略篇·第二十七》关于“和氏之璧”的记载如下：

> 人之于文学也，犹玉之于琢磨也。诗曰：“如切如磋，如琢如磨”，谓学问也。和氏之璧，井里之厥也，玉人琢之，为天下宝。子韵、季路，故鄙人也，被文学，服礼义，为天下列士。
>
> ——战国荀况著《荀子·大略篇·第二十七》

荀子这里是说人需要学问，就像玉需要琢磨一样。和氏之璧原来是井里撅出来的一块石头，就是因为得到玉人的琢磨，才成为天下的奇宝。子韵、季路等人，原来也是乡巴佬，就因为有了学问，知书懂礼，才成为天下著名的士子。

这里介绍荀子的一些背景资料。荀况（约前 313—前 238），即荀子，

号卿。荀况是战国末期儒家学派中的大师,李斯和韩非都是他的学生。荀况曾在齐国游学,在稷下(今山东临淄北)学宫同各个学派的学者进行过广泛的学术交流和讨论,并两次担任学宫祭酒,即行礼时的首席。荀况后来还去过秦国、赵国,晚年在楚国任兰陵(今山东苍山县兰陵镇)令,写作《荀子》一书。所以对楚国国宝和氏璧有所认识。

应该指出的是,荀子在这里关于和氏璧的论述与春秋时期晏子的论述如出一辙。

八、《韩非子》首次详细记载和氏璧三献

战国时期韩非著《韩非子·和氏》在中国历史上首次详细记载了和氏璧三献的故事。

> 楚人和氏得玉璞楚山中,奉而献之厉王。厉王使玉人相之。玉人曰:“石也。”王以和为诳,而刖其左足。及厉王薨。武王即位。和又奉其璧而献之武王。武王使玉人相之。又曰:“石也。”王又以和为诳,而刖其右足。武王薨,文王即位。和乃抱其璞而哭于楚山之下,三日三夜,泪尽而继之以血。王闻之,使人问其故,曰:“天下之刖者多矣,子奚哭之悲也?”和曰:“吾非悲刖也,悲夫宝玉而题之以于石,贞士而名之以诳,此吾所以悲也。”王乃使玉人理其璞而得宝焉,遂命曰:“和氏之璧”。
>
> 夫珠玉人主之所急也,和虽献璞而未美,未为王之害也;然犹两足斩而宝乃论,论宝若此其难也。今人主之於法术也,未必和氏璧之急也,而禁群臣士民之私邪;然则有道者之不戮也,特帝王之璞未献耳。主用术则大臣不得擅断,近习不敢卖重;官行法则浮萌趋于耕农,而游士危於战陈;则法术者乃群臣士民之所祸也。人主非能倍大臣之议,越民萌之诽,独周乎道言也,则法术之士虽至死亡,道必不论矣。
>
> ——战国韩非著《韩非子·和氏》

其中涉及“玉”、“璞”、“理”、“宝”、“璧”五个汉字,千百年来历朝历代的学者们就此争论不休。也就是在这个争论过程里,“和氏之璧”成了世

界性的科学难题，中国古史的千古之谜，千百年来人们对其宝玉材质除了一些文不对题的猜测外，实际上一筹莫展。其实，“和氏之璧”的宝玉材质真相就蕴涵在这些文字之中，只是这些文字在已经过去的千百年里，就是不告诉你它们真正的含义。

无论如何，当历史发展到了 2010 年时，这五个汉字的本意以及韩非呕心沥血写出来的文字的原始意义终于得到破解，“和氏之璧”宝玉材质的千古之谜也终于得到揭开。笔者在《破解国魂和氏璧之谜（宝玉篇）》专著中首次向世人揭示，和氏璧是一颗千古美钻！

无论如何，韩非详细介绍了卞和三献的故事与和氏之璧的来历。他是要引用卞和三献这个血淋淋的故事，来说明法术之士被明主赏识并得以施展其法术是何其艰难的说理，所以在卞和三献介绍之后就是作者关于法术的议论。

其后，西汉刘向《新序・卷五》、西汉淮南王刘安《淮南子・修务》、《淮南子・览冥》、东汉高诱《淮南子注》、东汉许慎《淮南子注》、东汉王逸《楚辞章句・七谏注》、东汉蔡邕《琴操・卷下》等著作都在不同程度上大略相同地记载了卞和三献这一历史事件，只是卞和三献所涉楚国三王大抵有所不同。

这里也介绍一下韩非的背景资料。韩非（约前 280—前 233），战国晚期韩国人，是韩王室诸公子之一，精于“刑名法术之学”，是法家的创始人。他的著作吸收了儒、墨、道诸家的很多观点，但以法治思想为中心，结合了法、术、势等政治思想体系，因此被称为法家之集大成者。韩非与秦相李斯都是荀子的学生，秦王嬴政通过武力威胁和攻打韩国，迫使韩王同意让韩非到秦国为其效力。韩非在秦国开始备受重用，但因秦相李斯的妒忌和姚贾的诬陷，最终失去秦王信任，而被逼自杀。韩非著书当时，秦国已经从赵国抢夺来了和氏璧，而楚国也已经在秦国大军压境的情况下危在旦夕，所以韩非作为当时法家的一代宗师和大学者对于和氏璧是有深刻认识的。

九、《谏逐客书》关于“和宝”的论述

战国李斯自楚之秦，求职于秦王政。他于秦王政十年（前 237）著有

《谏逐客书》,或称《上秦始皇书》。这是一篇载入秦国政治史册的书文,勾略了秦国一统天下的战略。西汉司马迁在《史记·李斯列传》中对此有详细记载,摘录如下:

今陛下致昆山之玉,有随、和之宝,垂明月之珠,服太阿之剑,乘纤离之马,建翠凤之旗,树灵鼍之鼓。此数宝者,秦不生一焉,而陛下说之,何也?必秦国之所生然后可,则是夜光之璧不饰朝廷,犀象之器不为玩好,郑、卫之女不充后宫,而骏良駃騠不实外厩,江南金锡不为用,西蜀丹青不为采。所以饰后宫充下陈娱心意说耳目者,必出于秦然后可,则是宛珠之簪、傅玑之珥、阿缟之衣、锦绣之饰不进于前,而随俗、雅化、佳冶、窈窕、赵女不立于侧也。夫击瓮叩缶弹筝搏髀、而歌呼呜呜快耳者,真秦之声也;《郑》、《卫》、《桑间》、《昭》、《虞》、《武》、《象》者,异国之乐也。今弃击瓮叩缶而就《郑》、《卫》,退弹筝而取《昭》、《虞》,若是者何也?快意当前,适观而已矣。今取人则不然。不问可否,不论曲直,非秦者去,为客者逐。然则是所重者在乎色乐珠玉,而所轻者在乎人民也。此非所以跨海内制诸侯之术也。

——战国李斯著《谏逐客书》,或称《上秦始皇书》

西汉司马迁著《史记·李斯列传》转载

李斯在这里已经明确谈到了当时秦国已经拥有的“珠玉”包括“昆山之玉”、“随宝”、“和宝”、“明月之珠”、“夜光之璧”、“犀象之器”、“江南金锡”、“西蜀丹青”、“宛珠之簪”、“傅玑之珥”等等。很显然,和氏之璧已经赫然列于其中!

这里介绍李斯的背景资料。李斯(前 280—前 208),秦国政治家,战国末年楚国上蔡(今河南上蔡西南)人。早年在楚国担任郡小吏,后从荀子学习帝王之术,学成后入秦。在秦国开始被吕不韦任为郎,后来劝说秦王政灭诸侯、成帝业,而被秦王任为长史。秦王采纳其计,任其为客卿,派遣谋士拿着金玉游说关东六国,离间各国君臣。秦王政十年(前 237),秦王下令驱逐六国客卿,被李斯上《谏逐客书》所阻止,李斯也因此官拜廷尉。秦统一天下后,李斯被任为丞相,与王绾、冯劫议定尊秦王政为皇帝,并制定有关的礼仪制度。

可见,李斯不仅对和氏璧有认识,可能还在秦王府中见过和氏璧。

十、最早文献记载小结

(1)关于和氏璧的历史文献记载，最早的直接记载当为春秋时期齐国杰出的国相晏婴所记的《晏子春秋》;

(2)根据和氏璧就是超级大钻的科学结论，有关和氏璧的最早的间接记载，可能是与楚成王同时代的齐国国相管仲所著《管子》中的“江汉之珠”;

(3)最早记述“卞和三献”明确时代的是《韩非子》。

这些关于和氏璧记载的先秦历史文献没有受到后来人们普遍误传的和氏璧被琢为传国玉玺的文献资料的“污染”，从而构成了十分宝贵的研究和氏璧的基础资料。这些先秦文献虽然不是这些文献作者直接观察和氏璧得来的第一手资料，但的确是对春秋战国时代所发生的历史事件的真实描述，而我们知道，和氏璧就发现在春秋战国时代！有关和氏璧研究的全部密码都已经包含在了这些文献之中。接下来的问题是，在过去的2700多年里，有哪一位学者能够破解这些密码?

正是依据这些关于和氏璧记载的先秦历史文献，笔者完成了专著《破解国魂和氏璧之谜(宝玉篇)》，完成了和氏璧宝玉材质的科学解析。

公元前770年,周平王姬宜臼将都城由镐京迁往洛邑(今河南省洛阳)。

正是在东周早期,在公元前758—前741年楚厉王(死后由楚武王追谥)执政时期,楚国楚山野民卞和发现宝玉,并首次上献楚厉王。

但直到公元前689—前675年楚文王执政时期,卞和所献的宝玉才正式得到确认,并被命名为"和氏璧"。

和氏璧在春秋五霸的时代一直是楚国国宝,历代楚王一直遵循先哲的教诲,"邦之利器,不可以示人",而且各大霸主们打的还是尊王攘夷的旗号,所以霸主们对于楚国国宝和氏璧还只有贼心,没有贼胆。

第四章　和氏璧最早的发现时代

现在一般认为，根据《韩非子》的记载，和氏璧最早是在楚厉王时代发现的。这有点想当然的味道，因为这一结论并没有经过深入的学术研究，无论是地质学家王根元等(1997)，还是文史学者王绍玺(2000)等，他们都只是简单地比较或者罗列与《韩非子》不同的几种说法。

一、战国韩非首次记述的厉、武、文三王时代

前已述及，战国时代法家一代宗师韩非在中国历史上首次记述了卞和三献所经历的楚国厉、武、文三王时代，下面进行分析：

(1)楚厉王：楚厉王就是熊眴，史称蚡冒，死后才被楚国首次称王的楚武王谥名为"楚厉王"。蚡冒于公元前 757 年至公元前 741 年在位，在位 17 年。西汉司马迁著《史记·楚世家》记载："二十七年，若敖卒，子熊坎立，是为霄敖。霄敖六年，卒，子熊眴立，是为蚡冒。……蚡冒十七年，卒。蚡冒弟熊通弑蚡冒子而代立，是为楚武王。"

(2)楚武王：楚武王即熊通，在楚国首次称王，于公元前 740 年至前 690 年在位，在位 51 年。他是蚡冒的弟弟，是通过弑蚡冒之子而代立的。

(3)楚文王：楚文王即武王子熊通赀，于公元前 689 年至前 675 年在位，在位 15 年。楚文王元年即公元前 689 年，楚文王将楚都从丹阳迁至郢！

韩非是战国末期哲学家与思想家，是秦嬴政时期秦国丞相李斯的同门师兄，与李斯同师荀卿，但后来因李斯陷害而于公元前 233 年自尽于狱中。韩非著书时，秦国当时已经从赵国抢夺来了和氏璧，因为李斯在秦王政十年(前 237)《谏秦王逐客书》中已然讲到了秦国拥有"随、和之宝"以及"昆山之玉"、"明月之珠"等等。因此身为战国时期名噪一时、思想著述万代流芳的大哲学家和大思想家，同时又是秦国廷尉与宰相李斯师兄的

韩非，其有关和氏璧来龙去脉的著述应该是可信的！这段著述堪称记录和氏璧存世的经典著述，很可能是中国历史上传世历史最早的记述，恐怕也是中国历史上最为准确和最为客观的一段关于和氏璧的记述！惟其如此，韩非对于卞和献玉情形的描述应该是可信的！

楚武王于公元前 740 年至公元前 690 年在位，一共在位 51 年，所以依照战国时期韩非以及西汉时期经学家刘向、大智者东方朔和东汉哲学家王充等人的观点，笔者认为，卞和三次献玉的时间应该从公元前 740 年之前延伸到公元前 690 年之后，第一次献玉与第三次献玉之间经历了至少整个楚武王 51 年执政的时间。这个最少 51 年的时间显然也是偏长，但大约还在可信的和可以接受的范畴里。正是在这一时期里，卞和完成了两次献玉，结局是两腿被刖，落至终身残疾。

后世学者关于卞和献玉的时代大致遵循了韩非的记述：

如西汉大智者东方朔所著《七谏》记载："悲楚人之和氏兮，献宝玉以为石。遇厉、武之不察兮，羌两足以毕斫。"

东汉王充撰《论衡·卷十五·变动篇第四十三》记载："厉、武之时，卞和献玉，刖其两足，奉玉泣出，涕尽续之以血。"

清杨景渭著《鬼谷四友志·卷之二下》(又名《孙庞演义七国志全传》)有一章"苏秦困厄皆因运　肃侯始任合从计"，也记述了卞和三献的过程：

何谓和氏之璧？当初楚厉王之未年，有楚人卞和得玉璞于荆山，献于厉王。王使玉工相之，曰石也。厉王大怒，以卞和欺君，刖其左足。及楚武王即位，和复献其璞玉。玉人又以为石，王怒刖其右足。及楚文王即位，卞和又欲往献，奈双足俱废不能行动，乃抱璞于怀，痛哭于荆山之下。三日三夜泪尽，继之以血。有晓得卞和的，问道："汝再献再刖，可以止矣。尚希赏乎，又何哭为？"卞和道："吾非为求赏也，所恨者本良玉而谓之石，本贞士而谓之欺，是非颠到，不得自明。是以悲耳。"楚文王闻卞和之泣，乃取其璞使玉人剖之，果得无瑕美玉。因制为璧，名曰和氏之璧。今襄阳府南漳县荆山之颠有池，池旁有石室，谓之抱玉岩，即卞和所居泣玉处也。楚王怜其诚，以禄给卞和终其身。

——清杨景渭著《鬼谷四友志·卷之二下》(又名《孙庞演义七国志全传》)"苏秦困厄皆因运　肃侯始任合从计"

至于台湾民间学者李更夫 1991 年在《玉器鉴定学》、1992 年在“和氏璧哪里去了”的文章中认为，和氏璧献玉涉及的三王顺序是：武王、厉王和文王。笔者估计老先生大概是出了一点文笔方面或者印刷方面的错误，正确的提法应该是“厉王、武王和文王”。

二、西汉刘向记述的厉、武、共三王时代

刘向（约前 77—前 6）是西汉历史学家。刘向在校录群书时，在皇家藏书中发现了六种记录纵横家的写本，内容混乱，文字残缺。于是通过整理编辑，撰就《战国策》一书，同时根据相传是战国时期楚国学者宋玉对楚王问话的记录撰写了《新序》。西汉刘向撰《新序·杂事第五·卞和献玉》也记载了卞和献玉的故事：

> 荆人卞和得玉璞而献之荆厉王，使玉尹相之曰：“石也。”王以为慢，而断其左足。厉王薨，武王即位，和复捧玉璞而献之武王。武王使玉尹相之曰：“石也。”又以为慢，而断其右足。武王薨，共王即位，和乃奉玉璞而哭于荆山中，三日三夜，泣尽，而继之以血，共王闻之，使人问之曰：“天下刑之者众矣，子刑何哭之悲也?”对曰：“宝玉而名之曰石，贞士而戮之以慢，此臣之所以悲也。”共王曰：“惜矣，吾先王之听难，剖石而易，斩人之足！夫死者不可生，断者不可属，何听之殊也?”乃使人理其璞而得宝焉。故名之曰“和氏之璧”。
>
> 故曰珠玉者，人主之所贵也，和虽献宝，而美未为玉尹用也。进宝且若彼之难也，况进贤人乎？贤人与奸臣，犹仇雠也，于庸君意不合。夫欲使奸臣进其雠于不合意之君，其难万倍于和氏之璧，又无断两足之臣以推其难，犹拔山也，千岁一合，若继踵，然后霸王之君兴焉。其贤而不用，不可胜载，故有道者之不戮也，宜白玉之璞未献耳。
>
> ——西汉刘向撰《新序·杂事第五·卞和献玉》

这里刘向所列卞和三献所涉三王是楚厉王、楚武王和楚共王。楚共王是春秋时期称霸中原、赫赫有名的楚庄王的儿子（前 590—前 560 在位），其就位的时代与楚武王离世的公元前 690 年相差了 100 年之久，如果算上楚武王在位的 51 年，卞和三献竟然要历时超过 151 年之久！因此

可以肯定，这里的楚共王是刘向的笔误，应该为楚文王才对。

与刘向的笔误一样，北宋王钦若等编修的《册府元龟·卷八百七十二·总录部·讼冤》记录了关于《韩非子·和氏璧》的另一个传世版本，也犯了将楚文王写为楚共王的笔误。兹列如下：

> 楚人卞和得玉璞，而献之厉王，厉王使玉尹相之，曰："石也。"王以和为谩，而断其左足。厉王薨，武王即位。和又奉玉璞而献之，武王使玉尹相之，曰："石也。"又以为谩，而断其右足。武王薨，共王即位。和乃奉璞而哭於荆山中，三日不食，泣尽而继之以血。共王闻之，使人问之曰："天下之刖者众矣，子独何哭之悲也？"对曰："夫宝玉而名曰石，贞士戮之以谩，此臣所以悲也。"共王曰："惜矣。吾先王之听，难剖石而易斩人之足。夫死者不可生，断者不可续，何听之殊也？"乃使人理其璞，而得宝焉，故名之曰："和氏之璧。"
>
> ——北宋王钦若等编《册府元龟·卷八百七十二·总录部·讼冤》

三、东汉王逸记述的厉、武、成三王时代

东方朔(前154—前93)，西汉辞赋家，字曼倩，生于平原厌次，即今山东惠民。汉武帝即位时，征四方士人，东方朔上书自荐，诏拜为郎。后任常侍郎、太中大夫等职。他性格诙谐，言词敏捷，滑稽多智，被誉为东方大智者。西汉大智者东方朔著有《七谏》，其中有关于卞和献璞的记载：

> 悲楚人之和氏兮，献宝玉以为石。遇厉武之不察兮，羌两足以毕斫。
>
> ——西汉东方朔著《七谏》

可是东汉学者王逸在《楚辞章句·七谏·怨世》中注解东方朔的记载时，认为卞和献玉的时间为厉、武、成三王：

> 厉，厉王也。武，武王也。斮，断也。昔卞和得宝玉之璞而献之楚厉王，或毁之以为石，王怒，断其左足。武王即位，和复献之，武王

> 不察视，又断其右足。和乃抱宝泣於荆山之下，悲极血出，於是暨成王，乃使工人攻之，果得美玉，世所谓和氏之璧也。或曰：两足毕索。索，尽也。以言玉石易别，於忠尚不能知，己之获罪是其常也。
>
> ——东汉王逸著《楚辞章句·七谏·怨世》

王逸（约 89—158）是东汉安帝和顺帝时期的文学家和历史学家，字叔师，南郡宜城（今湖北宜城）人。王逸著有《楚辞章句》，该书大约成于汉安帝元初四年（117 年），书中既保存了战国时期屈原、宋玉及汉人的楚辞作品，也是《楚辞》最早的完整注本。

笔者认为，王逸在这里注释的“成王”应该是注释者的笔误，因为楚武王与楚成王之间还隔着楚文王执政的 15 年和随后堵敖执政的 3 年，加起来可是一共 18 年的时间段，这 18 年的时间间隔被这位历史学家给完全忽略了。如果王逸注解的卞和献璧的时间是真实的，那就表明，卞和第一次献玉与第三次献玉之间至少经历了楚武王＋楚文王＋楚堵敖一共 69 年的时间，而且其间的楚文王和楚堵敖对于和氏璧竟然无所作为！这种可能性应该不大。

四、东汉应劭、高诱、许慎记述的武、文、成三王时代

西汉司马迁著《史记卷八十三·鲁仲连邹阳列传·第二十三》也记载了卞和献宝的故事：

> 昔卞和献宝，楚王刖之；李斯竭忠，胡亥极刑。是以箕子详狂，接舆辟世，恐遭此患也。愿大王孰察卞和、李斯之意，而后楚王、胡亥之听，无使臣为箕子、接舆所笑。臣闻比干剖心，子胥鸱夷，臣始不信，乃今知之。愿大王孰察，少加怜焉。
>
> ——西汉司马迁著《史记卷八十三·鲁仲连邹阳列传·第二十三》

对于“卞和献宝，楚王刖之”，东汉时期大经学家应劭在其所著《汉书集解音义》给出的注释是：

> 卞和得玉璞，献之武王。武王示玉人，玉人曰“石也”。刖右足。武王没，复献文王，玉人复曰“石也”。刖其左足。至成王时，卞和抱璞哭于郊，乃使玉尹攻之，果得宝玉。
>
> ——东汉应劭著《汉书集解音义》

唐初经学家司马贞在其所著的《史记索隐》中给出的注释是：

> 楚人卞和得玉璞事见《国语》及《吕氏春秋》。案《世家》，楚武王名熊通。文王名贤，武王子也。成王，文王子也，名恽。
>
> ——唐司马贞著《史记索隐》

近代玉学家和古董家李凤廷(1935)在其所著《玉雅》中就“卞和玉”引西汉司马迁《史记·楚世家》的注释：“卞和得玉璞献武王，王出示玉人，玉人曰，石。刖其右足。复献文王，玉人复曰，石也。刖其左足。至成王时，卞和抱璞哭于郊，乃使玉尹攻之，果得玉。”显见也是东汉时期大经学家应劭在其所著《汉书集解音义》所给出的注释的范本。

西汉时期淮南王刘安所著《淮南子·修务训》及《淮南子·览冥训》也都有“和氏之璧”的记载，如：

> 鄙人有得玉璞者，喜其状，以为宝而藏之。以示人，人以为石也，因而弃之。此未始知玉者也。故有符于中，则贵是而同今古；无以听其说，则所从来者远而贵之耳。此和氏之所以泣血于荆山之下。
>
> ——西汉刘安著《淮南子·卷十九·修务训》

> 譬如隋侯之珠，和氏之璧，得之者富，失之者贫。得失之度，深微窈冥，难以知论，不可以辩说也。
>
> ——西汉刘安著《淮南子·卷六·览冥训》

东汉经学家高诱著有《淮南子注》，东汉文字学家许慎也著有《淮南子注》，二者常相混杂，以至于后人分不出你我来。二者都称卞和献玉时代当在武、文、成三王的时代。高诱与许慎《淮南子注》对于和氏之璧的注释是：

隋侯，汉东之国，姬姓诸侯也。隋侯见大蛇伤断，以药傅之。后蛇于江中衔大珠以报之，因曰隋侯之珠，盖明月珠也。楚人卞和得美玉璞于荆山之下，以献武王。王以示玉人，玉人以为石，刖其左足。文王即位，复献之，以为石，刖其右足。抱璞不释而泣血。及成王即位，又献之。成王曰："先君轻刖而重剖石。"遂剖视之，果得美玉，以为璧，盖纯白夜光。

——东汉高诱和许慎著《淮南子注》

东汉学者高诱与许慎所著《淮南子注》对于和氏璧三献所涉三王厉、武、成的注释很有名气，在后世经典著作中有引用。如西汉杨雄著《法言·卷六·问明》记载：

楚两龚［即龚胜、龚舍］之絜，其清矣乎？蜀庄沉冥，蜀庄之才之珍也，不作苟见，不治苟得，久幽而不改其操，虽随、和何以加诸？

——西汉杨雄著《法言·卷六·问明》

民国学者汪荣宝在其所著《法言义疏·九·问明卷第六》中，疏引唐代经学者颜师古云："随，随侯珠也；和，和氏璧也。诸，之也。"引秦李斯《上秦始皇书》云："有和、随之宝。"引西汉刘安《淮南子·览冥》云："譬如隋侯之珠，和氏之璧，得之者富，失之者贫。"又引东汉高诱注云："隋侯，汉东之国，姬姓诸侯也。隋侯见大蛇伤断，以药傅之。后蛇于江中衔大珠以报之，因曰隋侯之珠，盖明月珠也。楚人卞和得美玉璞于荆山之下，以献武王。王以示玉人，玉人以为石，刖其左足。文王即位，复献之，以为石，刖其右足。抱璞不释而泣血。及成王即位，又献之。成王曰：'先君轻刖而重剖石。'遂剖视之，果得美玉，以为璧，盖纯白夜光。"最后引清陶鸿庆著《读诸子札记》云："承上言随珠、和氏璧皆以用而见珍，惜蜀庄生不遇时，故才不见用耳。"

无论是东汉学者应劭，还是高诱、许慎，他们就和氏璧三献所给出的时代都是武（前 740—前 690 在位）、文（前 689—前 675 在位）、成（前 671—前 626 在位）三王的时代。楚成王为楚文王少子，于公元前 672 年杀其兄楚王堵敖而自立，公元前 671 年至公元前 626 年在位，在位时间 34

年。楚成王之前是其兄堵敖，堵敖于楚文王十五年即公元前 675 年楚文王出师御巴而死时，被立为王，但仅在位 3 年，即于楚堵敖三年(前 672)为其弟熊頵所杀。王位随归熊頵，这就是楚成王。所以依照东汉时期应劭、高诱和许慎这三位名噪一时的大经学家所解释的武、文、成时代，卞和三次献玉的时间应该从公元前 689 年之前延伸到公元前 671 年之后，第一次献玉与第三次献玉之间经历了至少楚文王执政 15 年和楚堵敖执政 3 年一共 18 年的时间。这样一个时间对于惨遭刖刑荼毒的卞和来说大约还算能熬得过来。

因此，如果仅从时间段的角度看，应劭、高诱、许慎给出卞和献玉涉及武、文、成时代的观点似乎较之韩非所谓厉、武、文三王时代的观点要合理一些。

但问题是，应劭、高诱和许慎这三位东汉时代的大经学家却违背了基本的学术规则，不仅没有认真参考前学韩非所谓厉、武、文三王时代的观点，而且没有提出更加强有力的证据来证明他们自己所提出的新观点，更没有对韩非的观点进行任何论辩。

五、东汉蔡邕记述的怀、平、荆三王时代

东汉末年文学家蔡邕著有《琴操》，对于卞和献玉也有详细记述：

> 卞和者，楚野民，得玉璞以献怀王，王使乐正子占之，言“石也”。以为欺谩，斩其一足。怀王死，子平王立，和复献之，平王又以为欺，斩其一足。平王死，子立为荆王，和复欲献之，恐复见害，乃抱玉而哭，昼夜不止，涕尽继之以血。荆王遣问之。于是和随吏献王。王使剖之，中果有玉，乃封和为陵阳侯。卞和辞不就，而去。乃作怨歌曰：“悠悠沂水，经荆山兮。精气郁决，谷岩岩兮。中有神宝，灼明明兮。穴山采玉，难为功兮。于何献之，楚先王兮。遇王暗昧，信谗言兮。断截两足，离余身兮。俛仰嗟兮，似摧伤兮。紫之乱朱，粉墨同兮。空山歔欷，涕龙钟兮。天鉴孔明，竟以彰兮。沂水滂沌，流于汶兮。进宝得刑，足离分兮。去封立信，守休芸兮。断者不续，岂不怨兮”。
>
> ——东汉蔡邕著《琴操》

蔡邕作为东汉末年的文学家，在后世颇有名气，其关于卞和献玉的详细记述也为后世很多学人所引用。

如南朝宋范晔著《后汉书·卷八十下·文苑列传·第七十下》记载："陟遂与言谈，至熏夕，极欢而去，执其手曰：沌，流于汶兮。进宝得刑，足离分兮"对于"良璞"，唐高宗的儿子章怀太子李贤在给《后汉书》纪传部分作注时，引用了蔡邕所著《琴操》关于和氏璧记载的片段，全文如下：

> 卞和得玉璞，以献楚怀王。使乐正子占之，言非玉。以其欺谩，斩其一足。怀王死，子平王立，和复抱其璞而献之。平王复以为欺，斩其一足。平王死，和复献，恐复见断，乃抱其玉而哭荆山之中，昼夜不止，涕尽继之以血。
>
> ——唐李贤著《后汉书注》引用蔡邕《琴操》曰

北宋郭茂倩编《乐府诗集卷四十一·相和歌辞十六·怨诗行》引《琴操》曰全文如下：

> 卞和得玉璞以献楚怀王，王使乐正子治之，曰："非玉。"刖其右足。平王立，复献之，又以为欺，刖其左足。平王死，子立，复献之，乃抱玉而哭，继之以血，荆山为之崩。王使剖之，果有宝。乃封和为陵阳侯。辞不受而作怨歌焉。
>
> ——北宋郭茂倩编《乐府诗集卷四十一·相和歌辞十六·怨诗行》引《琴操》曰

东汉政论家和文学家王符著《潜夫论·赞学第一》记载："故夏后之璜，楚和之璧，虽有玉璞卞和之资，不琢不错，不离砾石。"清代学者汪继培作《潜夫论笺》、当代学者彭铎(1985)作《潜夫论笺校正》时，都曾引用《乐府诗集》所引《琴操》关于和氏璧的论述。

近代地质学家章鸿钊(1921)在《石雅·和氏之璧》也引《琴操》曰，全文如下：

> 卞和者，楚野民，得玉璞以献怀王，王使乐正子占之，言玉石。以为欺谩，斩其一足。怀王死，平王立，和复献之，又以为欺，斩其一足。

> 平王死，子立为荆王，欲献之，恐复见害，乃抱玉而哭，涕尽继之以血。荆王使剖之，中果有玉，乃封和为陵阳侯。辞不受，而作退怨之歌：悠悠沂水经荆山，精气郁洽谷严严，中有神宝灼明明，穴山采玉难为功。于何献之楚先王，遇王暗昧信谗言。断绝两足离余身，俛仰嗟叹心摧伤。紫之乱朱纷墨同，空山歔欷涕龙钟。天鉴孔明竟以彰，沂水滂沛流于汶。进宝得刖足离分，断者不续岂不怨。
>
> ——章鸿钊(1921)著《石雅·和氏之璧》引《琴操》曰

由此可见，上述几个不同的引述版本都是大同小异，对于卞和献玉所涉三位楚王都是指楚怀王、楚平王和楚平王之后的楚荆王。

楚怀王，公元前 328 年至公元前 299 年在位，在位 30 年，卒于公元前 296 年；因为楚怀王即位的年代要晚楚平王死亡的年代达 187 年之久，对于卞和三献来说完全不合乎逻辑和常理。所以笔者疑此处原文应指楚灵王，因为楚灵王于公元前 540 年至公元前 529 年在位，在位 12 年，与楚平王的时代刚好衔接上。

楚平王，于公元前 528 至公元前 516 年在位，在位 13 年。

楚荆王，如果是位于楚平王之后，则蔡邕所记的“荆王”应即楚昭王。楚昭王于公元前 515 年至公元前 489 年在位，在位 27 年。

陵阳侯，相当于万户侯，即大约十城的规模。陵阳，汉代曾置县，地址在今安徽省青阳县陵阳镇，现陵阳镇北有汉县衙遗址，古城墙遗址也清晰可见。该地有陵阳河，还有陵阳山，陵阳河即以山名。陵阳山实即今九华山，位于安徽省青阳县城西南 20 公里处，距长江南岸贵池市约 60 公里。

如果笔者给出的上述解释和修正能够成立的话，那么蔡邕实际上是想说卞和献玉涉及楚国灵、平、昭三王，但即使这一修正反映了蔡邕的本意，蔡邕的观点却罔顾了之前的大学者韩非、刘向、王逸、应劭、高诱和许慎等所给出的历史记载，而且更有甚者，竟然没有提出丝毫的证据来支持自己的学术观点。笔者于是认为，这可能就是中国古代学术的悲哀之处。

如果依照卞和献玉涉及楚国灵、平、昭三王的逻辑排序，仅从时间段的角度来看，灵、平、昭三王时代的观点由于中间的楚平王在位时间只有 13 年，卞和在惨被楚灵王刖足之后大约还能熬过楚平王在位的 13 年而坚持到楚昭王的时代，并最终封侯，这好像说得过去。而且，灵、平、昭三

王时代的观点可能较韩非厉、武、文三王时代的观点要更加合理一些，而与应劭、高诱和许慎给出的武、文、成三王时代的观点相当。

由此可见，蔡邕作为文学家虽然很有名气，但作为历史学者就很不合格了，其关于卞和献玉时代的记述可谓漏洞百出。而遗憾的是，就是这么一篇到处都是破绽的文章居然在蔡邕之后的1800多年历史中被那么多不问青红皂白的学者所盲目引用。

比如，清代名臣张廷玉所撰《明史传》记载："洪武二十五年(1392)敬心上疏云：陛下连年远征，北出沙漠，为耻不得传国玺耳。昔楚平王时琢卞和之璧，至秦始名为玺，历代递嬗以迄后唐，治乱兴衰皆不在此。"这里大致可以表明，明臣周敬心与清臣张廷玉都认可卞和献玉可能与楚国灵王、平王和昭王的时代有关，尽管具体所谓"琢璧"的时代应当在楚昭王时期，而非楚平王时代。

清代藏书家和目录学家孙星衍在作《晏子春秋集释》时，就《晏子春秋·卷第五·内篇·杂上·第五·曾子将行晏子送之而赠以善言第二十三》关于和氏璧的记述，曾转引唐欧阳询等编《艺文类聚》所辑东汉蔡邕《琴操》的说法："卞和者，楚野民，得玉璞，献怀王，怀王使乐正子占之，言玉石，以为欺谩，斩其一足；怀王死，子平王立，和复献之。"同时评述说："晏子已称'和氏之璧'，则非怀王时事，平王之前有灵王，亦非怀王子，蔡邕错误，不可反以疑此书。"可见，孙星衍已然在批评蔡邕关于和氏璧三献所涉时代的观点了。

应该指出的是，当代地质学家王根元等(1997)就卞和三献的时代问题，也认为"蔡邕之说难以成立"，转而支持韩非的说法。

六、最早发现时代小结

就卞和三献，笔者偏向于认可韩非的观点，即厉、武、文三王时代的观点。因此，逻辑上我们可以得出，和氏璧最早发现的时代当为楚武王之前的楚厉王时代，也就是说，和氏璧是在公元前741年之前于楚国境内的楚山发现的。原因无非有下列七点：

(1)中国历史文献普遍认同；

(2)韩非为中国历史上信誉极高的大学者，治学严谨，关于和氏璧发

现时代的记录最早，也最为详细；

(3)韩非在秦为官，为秦国丞相李斯的同门师兄，而当时秦国已经占有了和氏璧，且李斯也有文记述和氏璧；

(4) 西汉刘向记述的和氏璧三献所涉厉、武、共三王时代有明显错误；

(5)东汉王逸记述的和氏璧三献所涉厉、武、成三王时代也不甚合理，而且违背学术原则；

(6)同样，东汉应劭、高诱、许慎记述的和氏璧三献所涉武、文、成三王时代虽然合理，但是违背学术原则；

(7)东汉蔡邕记述的和氏璧三献所涉怀、平、荆三王时代完全不合逻辑，即使经过校正为看似比较合理的灵、平、昭三王时代，但也违背了基本的学术论辩原则，因此本著不予采纳。

第五章　和氏璧在春秋战国时期的历史地位

和氏璧是玉，是美玉，也是宝玉，但和氏璧在春秋战国时期究竟有什么历史地位呢？对这个问题，学者们很少去深入地作学术探讨。

和氏璧值多少钱呢？前已述及，和氏璧在战国时代价值连城，远远超过“万金”，即万镒黄金或者万斤黄金。这在农业社会为主的封建时代，意味着惊人的财富，而且是高度浓缩的财富，是可以随身携带、远走他乡的财富。除了这些，和氏璧本身还具有特殊的象征意义，因为它在春秋战国时代是楚国的珠宝之最，也是当时天下的财富之最，所以在它的身上，还凝聚了至高无上的王权和至高无上的荣耀。在楚国是只有楚王才可拥有的权力，而在一统天下的秦王眼里，则是只有秦王才可拥有的权力。这种权力、荣耀和地位在春秋战国时代，是足可以与周天子的九鼎相媲美的。

在春秋战国时期，作为财富象征和财富浓缩的珠宝、特别是高档珠宝自然成了各诸侯国竞相追逐的目的，自然而然，各个诸侯国也都有着自己的镇国之宝。比如：《战国策》和《史记》就记载了春秋战国时期周天子、宋王、梁王和楚王所拥有的几件国宝：“砥厄”、“结绿”、“悬黎”、“和璞”。其中最著名的自然当属“和璞”，即“和氏之璧”。因为和氏璧价值连城，几乎无人不知，无人不晓，即便在春秋战国时代的正史和其他各种历史记载中也都经常出现，以至于和氏璧成了春秋战国时期所有天下珍宝中价值最高的和名声最响亮的宝玉。所以至少从楚文王时代起，和氏之璧一直是楚国的国宝和国之利器，楚国历代国王遵从当时楚国著名学者老子的教诲，从不肯轻易示人。

无论如何，卞和是献璧于三代楚王，这是依照学术规则从逻辑上认定的历史事实。至少从楚文王时代起，楚国因此有了自己的国宝——和氏璧。正是围绕这块国宝，和氏璧在春秋战国时期各个诸侯国之间掀起了一阵又一阵的轩然大波；也是围绕着这块和氏璧，春秋战国时期的一段又

一段云波诡谲的历史得以华丽地展开。

和氏璧作为中国历史上最著名的美玉,至少在它流传的春秋战国时期的500多年时间里,被奉为"无价之宝"、"天下所共传宝"。具体而言,其历史地位如何,还是让我们来看看春秋战国时代学者们的经典论述吧。

一、老子"邦之利器,不可以示人"

春秋老聃著《老子·第三十六章》提出:"邦之利器,不可以示人。"

老子,姓李名耳,字伯阳,又称老聃,楚国苦县(今河南鹿邑厉乡曲仁里)人,是我国古代伟大的哲学家、思想家和道家学派创始人。老子的时代从公元前600(楚庄王十四年)到公元前470年(楚惠王十九年),一生经历了楚庄王、楚共王、楚康王、楚郏敖、楚灵王、楚平王、楚昭王、楚惠王等时代。老子非常博学多才,曾在周天子的国都洛邑(今河南洛阳)任藏室史(相当于国家图书馆馆长),孔子在周游列国时曾专程到洛邑向老子问礼。老子晚年时乘青牛西去,在函谷关(位于今河南灵宝)写成了五千言的《道德经》(又名《老子》),但最后不知所终。

老子作为一个非常博学的楚国人,对楚国国宝和氏璧当然有所认识。但老子在《道德经》中明确提出:"邦之利器,不可以示人。"所以在老子之后的楚国各王也都是遵循先哲的教导,从不肯将和氏璧示人。

二、晏子"玉人修之、为天下宝"

前已述及,春秋时期的晏子在《晏子春秋》中认为和氏璧"玉人修之,为天下宝"。战国时期的荀子继承了晏子关于和氏璧的看法。

但是晏子反对奢侈,反对炫耀宝物。唐欧阳询等撰《艺文类聚卷第八十四·宝玉部下·珠》引《晏子》曰:"景公为履,黄金之綦,连以珠,良玉之句,其长尺,冰月服之以听朝。晏子朝,公迎之,履重,仅能举足。晏子曰:古者圣人制服,冬轻而暖,夏轻而清,今金玉之履,冰月服之,是重寒也。"晏子在这里讥讽齐景公过分炫耀宝物。

即便如此,春秋时期晏子提出和氏璧"为天下宝"的观点得到了后世学者的广泛认同。

到了战国时期，赵国使者蔺相如于秦昭襄王二十四年(赵惠文王十六年，即前283)出使秦国时，对秦昭襄王说和氏璧是“天下所共传宝”。这个公认的历史事实在西汉司马迁著《史记卷八十一·廉颇蔺相如列传第二十一》中有详细记载：

> 和氏璧，天下所共传宝也，赵王恐，不敢不献。赵王送璧时，斋戒五日，今大王亦宜斋戒五日，设九宾于廷，臣乃敢上璧。
>
> ——西汉司马迁著《史记卷八十一·廉颇蔺相如列传第二十一》

秦相李斯于秦王政十年(前237)在《谏逐客书》中写道：“今陛下致昆山之玉，有随、和之宝，垂明月之珠”，也是把和氏璧当作“天下至宝”。

西晋刘琨撰《答卢谌诗一首并书》记载：“夫才生於世，世实须才。和氏之璧，焉得独曜於郢握？夜光之珠，何得专玩於随掌？天下之宝，当与天下共之。”这里说和氏璧是“天下之宝，当与天下共之”。

北朝庾信《伤王司徒褒》诗“名高六国共，价重十连城”，也是说和氏璧是六国所共的奇宝。

唐李白《古风》诗“夸作天下珍，却哂赵王璧”，直接将和氏璧呼作“天下珍”。

三、墨子“和氏之璧、三棘六异”

前已述及，战国时期墨家的创始人墨翟在《墨子·耕柱篇》中“和氏之璧、隋侯之珠、三棘六异”三者并列，并说“此诸侯之所谓良宝也”。

这里墨子所描述的是战国初期各诸侯国对于“和氏之璧”、“隋侯之珠”、“三棘六异”的看法。当时的诸侯们都认为，这些是“诸侯之良宝”、“天下之良宝”，由是“和氏之璧”与位居九五之尊的“九鼎”(即“三棘六异”)价值相等，地位相当，都被尊为“诸侯之良宝”、“天下之良宝”。

当然墨子实际上不同意这种观点，所以在描述这三大宝时用了调侃、讥讽的字眼“所谓”——“此诸侯之所谓良宝也”。墨子实际认为，“义”和“利”才是“天下之良宝”，至于“和氏之璧”、“隋侯之珠”、“三棘六异”则不是“天下之良宝”。这一点我们从西汉刘向撰《说苑》所辑录的一段墨子佚文中也可以看出：

> “今当凶年，有欲予子隋侯之珠者，不得卖也，珍宝而以为饰。又欲予子一锺粟者，得珠者不得粟，得粟者不得珠，子将何择?”禽滑厘曰：“吾取粟耳，可以救穷。”墨子曰：“诚然，则恶在事夫奢也。长无用好末淫，非圣人之所急也。故食必常饱，然后求美；衣必常暖，然后求丽；居必常安，然后求乐，为可长，行可久，先质而后文，此圣人之务。
>
> ——墨子佚文
>
> 西汉刘向撰《说苑》辑录

这里墨子认为被誉为“诸侯之所谓良宝”的“隋侯之珠”其使用价值竟不如可以救人性命的“一锺粟”！

但要论述和氏璧在春秋战国时期的历史地位，我们就必须来看看《墨子》所描述的春秋战国之时的诸侯们究竟是怎么看待和氏璧的。事实上，诸侯们是将和氏璧价值和象征意义等同于周天子之“九鼎”的。

我们知道，九鼎是国家权力的象征，最早由中华民族始祖黄帝铸就。据说黄帝将宝鼎置于宝鼎坛的中宫之位，其他八鼎按八卦之位放置，分别是爱鼎、寿鼎、财鼎、仕鼎、安鼎、丰鼎、智鼎、嗣鼎。西汉司马迁著《史记·封禅书》以一种神话传说的方式记载黄帝铸鼎：

> 黄帝采首山铜，铸鼎於荆山下。鼎既成，有龙垂胡珣下迎黄帝。黄帝上骑，群臣後宫从上者七十馀人，龙乃上去。馀小臣不得上，乃悉持龙珣，龙珣拔，堕，堕黄帝之弓。百姓仰望黄帝既上天，乃抱其弓与胡珣号，故後世因名其处曰鼎湖，其弓曰乌号。
>
> ——西汉司马迁著《史记·封禅书》

一般认为，黄帝铸鼎的荆山在河南灵宝县。今天的灵宝市有“铸鼎塬”，黄帝统一中国后，建都今河南省新郑县，采首山铜，铸九鼎于荆山下。但西安文理学院文学院车宝仁(2006)作“黄帝西安行迹考”时，根据“铸三鼎于荆山之阳”的历史记载，认为黄帝铸鼎的荆山当在西安市阎良区荆山原南。

历史发展到虞夏时，大禹平定九州，在冀、兖、青、徐、扬、荆、豫、梁、雍九州，每州设州牧，令九州牧贡献青铜，以铸造九鼎。春秋时左丘明著《左

传·宣公三年》记载："昔夏之方有德也。远方图物，贡金九牧，铸鼎象物，百物而为之备，使民知神奸；故民入川泽山林，不逢不若，魑魅魍魉，莫能逢之。用能协于上下，以承天休。"这里每个鼎代表一州，鼎的形状也非常特别，所以后人以形为名，给九鼎取了"三翮六翼"或者"三棘六异"的别名。于是，九鼎就像秦始皇的传国玉玺一样，成为象征国家政权的传国之宝，谁拥有了九鼎，就可以号令天下，就拥有了天下！无论是否改朝换代，每朝都把九鼎在握视为天命在己，虞夏之后的商朝如此，周朝也是如此！

西汉司马迁著《史记·楚世家》记载周定王特使王孙满犒劳问鼎中原的楚庄王时，就谈起九鼎的来历：

> 呜呼！君王其忘之乎？昔虞夏之盛，远方皆至，贡金九牧，铸鼎象物，百物而为之备，使民知神奸。桀有乱德，鼎迁于殷，载祀六百。殷纣暴虐，鼎迁于周。德之休明，虽小必重；其奸回昏乱，虽大必轻。昔成王定鼎于郏鄏，卜世三十，卜年七百，天所命也。周德虽衰，天命未改。鼎之轻重，未可问也。
>
> ——西汉司马迁著《史记·楚世家》

对于"殷纣暴虐，鼎迁于周"，西汉司马迁著《史记·殷本纪》论述："桀败于有娀之虚，桀奔于鸣条，夏师败绩。汤遂伐三嵕，俘厥宝玉，义伯、仲伯作《典宝》。"这是说，商汤进攻忠于夏桀的三嵕，缴获了夏朝包括九鼎在内的宝器和珠玉。

对于"成王定鼎于郏鄏"，西汉司马迁著《史记·周本纪》也有记载："成王在丰，使召公复营洛邑，如武王之意。周公复卜申视，卒营筑，居九鼎焉。曰：使民知神奸。桀有乱德，鼎迁于殷，载祀六百。殷纣暴虐。"这是说，周成王建造洛邑作为天下的中心，以安置九鼎。于是九鼎成为"周鼎"，成为天下权力的象征。春秋五霸乃至战国七雄个个都把争夺周天子的九鼎，视为成功争夺天下的标志。

西汉司马迁著《史记·张仪列传》记载秦相张仪给秦惠文王上秦国国策时，是这样谈到九鼎的意义的："据九鼎，案图籍，挟天子以令於天下，天下莫敢不听，此王业也。"这是说，各国诸侯在觊觎周天子的宝物九鼎，就像市民争利于市场一样，而周室就是"天下之朝市"。实际上整个战国时期发生的各种各样的"合纵连横"外交活动，其实质也多是围绕争夺周天

子九鼎而展开的。

相对于九鼎，笔者要说的是，和氏璧的意义一点也不亚于九鼎，因为战国时期的墨子就是这样描述各诸侯国国君的心态的。可以毫不夸张地说，整个春秋战国五百多年的历史都是围绕对于九鼎与和氏璧的争夺而展开的。虽然九鼎最初的作用仅是先民们烹煮食物的工具，但后来发展为祭祀用具，而到了黄帝和大禹的时期，九鼎被推崇到了国家权力象征的巅峰阶段。同样，和氏璧最初也只是一块玉璞，玉人鉴定时走眼还把它误认为一块顽石，可后来竟然成了“诸侯之良宝”，进一步则成了“天下之良宝”。

四、范雎“诸侯良宝、天下名器”

战国佚名著、西汉刘向辑《战国策·卷五·秦三·范子因王稽入秦》载范雎于秦昭襄王三十六年(前271)所著《献秦昭王书》：

> 臣闻周有砥厄，宋有结绿，梁有悬黎，楚有和璞。此四宝者，工之所失也，而为天下名器。然则圣王之所弃者，独不足以厚国家乎？
>
> ——战国范雎著《献秦昭王书》
>
> 战国佚名著、西汉刘向辑《战国策·卷五·秦三·范子因王稽入秦》转载

西汉司马迁著《史记·范雎蔡泽列传》也有类似记载：

> 且臣(范雎)闻周有砥砨(砨)，宋有结绿，梁有悬藜，楚有和璞。此四宝者，土之所生，良工之所失也，而为天下名器。然则圣王之所弃者，独不足以厚国家乎？
>
> ——西汉司马迁著《史记·范雎蔡泽列传》

范雎在这份国策书里，称赞和氏璧为天下“四宝”之一，是“天下名器”。

实际上，作为范雎们的先贤，战国时代的墨翟在其所著《墨子·耕柱篇》中早已描述过，春秋战国时期的诸侯们将和氏之璧视为“良宝”、“诸侯之良宝”和“天下之良宝”，只是热衷于博爱、主张义气的墨子不同意诸侯

们的这种看法，因为在墨子眼里，“良宝”必须能利民，而和氏之璧不能，但“义为政于国家，国家必富，人民必众，刑政必治，社稷必安”，所以说“义，天下之良宝也。”很显然，春秋战国时期诸侯频交战仍给了墨子观点一个否定的回答。这就是，在诸侯们的眼里，和氏之璧是“诸侯良宝”、“天下名器”，所以个个都在睁着大眼盯着呢！这些诸侯早把墨子所宣讲的应该视为“天下之良宝”的“义”抛到了九霄云外。

五、楚国“不宝哗嚣，惟宝贤才”

春秋左丘明著《国语·卷十八·楚语下·王孙圉论国之宝》记载：

> 圉闻国之宝六而已：圣能制议百物，以辅相国家，则宝之；玉足以庇荫嘉谷，使无水旱之灾，则宝之；龟足以宪臧否，则宝之；珠足以御火灾，则宝之；金足以御兵乱，则宝之；山林薮泽足以备财用，则宝之。哗嚣之美，楚虽蛮夷，不能宝也。
>
> ——春秋左丘明著《国语·卷十八·楚语下·王孙圉论国之宝》

这里的“圉”指楚昭王的大臣王孙圉。王孙圉在公元前500年左右出使晋国，与晋定公的国相赵简子谈论楚国所宝重的国宝。这里的“哗嚣之美”就是指和氏璧，下文还要详细分析。笔者认为，这当是王孙圉在外交场合以一种比较隐晦的、委婉的方式的称呼。

王孙圉在这个重要的外交场合中认为楚国不宝“哗嚣之美”，而宝守国之才。这种思想一直为楚国各代国王所谨慎遵守，并被后世政治家和思想家如唐代的李延寿和魏征等总结为是“国之宝器，其在得贤”。如唐李延寿撰《北史·列传第五十一》认为：“国之宝器，其在得贤。”唐魏征等撰《隋书·卷四十一·列传第六》也同意：“国之宝器，其在得贤，参燮台阶，具瞻斯允。”

春秋时期楚国“不宝哗嚣、惟宝贤才”的思想也颇为后世政治家和思想家所广泛尊崇。比如战国墨子著《墨子·卷一》说到：“归国宝，不若献贤而进士。”

战国时期秦相吕不韦辑《吕氏春秋》也说天下至宝“龢氏之璧”其实不如具体实用的“道德之至言”和“百金”，甚至更加不如可以饱腹的“抟黍”。

这同样说明了，君主不应该以“和氏之璧”为宝，而应以实用的“道德之至言”、代表具体财富的“百金”和代表具体食物的“抟黍”为宝。《吕氏春秋·卷第十·异宝四》这样记载：

> 今以百金与抟黍以示儿子，儿子必取抟黍矣；以龢氏之璧与百金以示鄙人，鄙人必取百金矣；以龢氏之璧、道德之至言以示贤者，贤者必取至言矣。其知弥精，其所取弥精；其知弥觕，其所取弥觕。
>
> ——战国吕不韦辑《吕氏春秋·卷第十·异宝四》

在吕不韦之后，大思想家韩非在《韩非子·解老》中这样论述“和氏之璧”：

> 和氏之璧，不饰以五采；隋侯之珠，不饰以银黄；其质至美，物不足以饰之。夫物之待饰而后行者，其质不美也。
>
> ——战国韩非著《韩非子·解老》

韩非在这里认为，和氏璧“其质至美”，“不饰以五采”，“物不足以饰之”，是一块天下至美至纯的美玉。尽管如此，和氏璧不实用，因此不具有实用价值。接着，韩非在《韩非子·外储说左上》中以“买椟还珠”案例，说明人们喜欢实用，而非花俏。《韩非子·外储说左上》的记载如下：

> 楚人有卖其珠于郑者，为木兰之柜，熏以桂椒，缀以珠玉，饰以玫瑰，辑以羽翠。郑人买其椟而还其珠。此可谓善卖椟矣，未可谓善鬻珠也。
>
> ——战国韩非著《韩非子·外储说左上》

此外，韩非在《韩非子·外储说右上》中还以“千金之玉卮”为例，进一步说明人们喜欢实用，而非华而不实。《韩非子·外储说右上》记载如下：

> 堂谿公谓昭侯曰：“今有千金之玉卮，通而无当，可以盛水乎？”昭侯曰：“不可。”“有瓦器而不漏，可以盛酒乎？”昭侯曰：“可。”对曰：“夫瓦器，至贱也，不漏，可以盛酒。虽有乎千金之玉卮，至贵而无当，漏，不

可盛水，则人孰注浆哉？今为人之主而漏其群臣之语，是犹无当之玉卮也。虽有圣智，莫尽其术，为其漏也。”昭侯曰：“然。”昭侯闻堂谿公之言，自此之后，欲发天下之大事，未尝不独寝，恐梦言而使人知其谋也。

——战国韩非著《韩非子·外储说右上》

西汉刘向撰《说苑》也谈到和氏之璧“价重千金”，当属“国宝”，然而也不具有实用价值：

子独不闻和氏之璧乎？价重千金，然以之间纺，曾不如瓦砖；隋侯之珠，国宝也，然用之弹，曾不如泥丸；骐骥騄駬，倚衡负轭而趋，一日千里，此至疾也，然使捕鼠，曾不如百钱之狸；干将、镆邪拂钟不铮，试物不知，扬刃离金斩羽契铁斧，此至利也，然以之补履，曾不如两钱之锥。

——西汉刘向撰《说苑》

东汉张衡著《东京赋》更是明确指出，和氏之璧不具实用价值，国家应该不以为宝。张衡主张：“贱犀象，简珠玉，藏金于山，抵璧于谷。翡翠不裂，玳瑁不蔟。”那么国家应该宝重什么呢？张衡的答案是“所贵惟贤，所宝惟谷”。

唐李延寿撰《北史·列传第五十一》和唐魏征等撰《隋书·卷四十一·列传第六》更是明确指出：“国之宝器，其在得贤。”这些都是劝导帝王以贤才为宝，而不应以哗器为宝。

唐白居易著《杂兴三首》，说到战国时期的吴王以哗器为宝，最终误国亡国，于是再次语重心长地指出，“古称国之宝，谷米与贤才。”白居易的《杂兴三首》节选如下：

吴王心日侈，服玩尽奇瑰。身卧翠羽帐，手持红玉杯。冠垂明月珠，带束通天犀。行动自矜顾，数步一徘徊。小人知所好，怀宝四方来。奸邪得藉手，从此幸门开。古称国之宝，谷米与贤才。今看君王眼，视之如尘灰。伍员谏已死，浮尸去不回。姑苏台下草，麋鹿暗生麑。

——唐白居易著《杂兴三首》

北宋王安石著《材论》直截了当地提出："夫材之用，国之栋梁也，得之则安以荣，失之则亡以辱。"

所以从战国时代的墨子、韩非，到西汉的刘向、东汉的张衡、唐代的李延寿、魏征、白居易和北宋的王安石等古代名臣贤士都是在劝导君王，勿以和氏璧为宝，而应坚持"国之宝器，其在得贤"。可见，这些后学的政治主张与春秋时期楚国"不宝哗器、惟宝贤才"的思想是一致的。

六、和氏璧历史地位研究小结

(1)和氏璧作为中国历史上最著名的美玉，至少在它流传的春秋战国时期的五百多年时间里，被奉为"无价之宝"、"天下名器"、"诸侯之良宝"、"天下之良宝"和"天下所共传宝"。

(2)但春秋时期的左丘明、战国时代的墨子和韩非等思想大家则不以和氏璧为宝，且苦口婆心地规劝各大诸侯，"不宝哗嚣，惟宝贤才"，"归国宝，不若献贤而进士"，"国之宝器，其在得贤"。

(3)春秋时期楚国君主的确是如此奉行的，但到了战国时期，这些智慧良言在贪婪成性的诸侯面前则变得似乎不起作用了。

(4)为什么战国时期的诸侯不再奉行"不宝哗嚣，惟宝贤才"的智慧良言了呢？因为和氏璧意味着惊人的财富，是高度浓缩的财富，也是可以随时携带、远走他乡的财富。正因为如此，和氏璧本身具有了特殊的象征意义。作为春秋战国时代的珠宝之最、当时天下的财富之最，和氏璧凝聚了天下至高无上的权力和至高无上的荣耀，这一权力和荣耀是可以与周天子的九鼎相媲美的。

(5)如此一来，抢夺和氏璧，就意味着获得巨额的财富和无上的权力，于是就产生了无休无止的战争。和氏璧从东周初年发现以来，就意味着整个东周时代是一个战乱频仍的时代。

第六章　齐桓公首霸春秋，作币江汉之珠

无论如何，在楚厉王时代于公元前741年前发现的和氏璧，在公元前690年开始的楚文王时代，得到了朝廷的鉴定、认证和命名。和氏璧由此登上中国历史的舞台，成为楚国王室至宝和象征王权的标志，其在权力、名气和财富方面都可媲美于周天子的九鼎。诸侯们的嫉妒与觊觎也由此开始，东周列国的战争也由此开端。

一、春秋五霸介绍

从公元前770—公元前476年，这一时期历史上称为"春秋时代"。在这290多年间，社会风雷激荡，烽烟四起，战火连天。春秋初期诸侯列国有140多个，但经过连年兼并，到春秋末期数量急剧减少，大国并吞小国的局势愈演愈烈。不仅如此，大国之间还互相攻伐，争夺霸权，以至于周天子失其在西周时期所享有的权威，变得反而要依附于强大的诸侯，特别是各个阶段的霸主。春秋时期，先后出现了"春秋五霸"。根据西汉王褒著《四子讲德文》的记载，"春秋五霸"具体指齐桓公、晋文公、楚庄王、吴王阖闾和越王勾践。但东汉班固等撰集的《白虎通·号篇》(又叫《白虎通义》)则认为，"春秋五霸"具体指齐桓公、宋襄公、晋文公、秦穆公和楚庄王。本著选择了王褒《四子讲德文》的观点。"春秋五霸"的具体时代描述如下：

春秋首霸：齐桓公，公元前685年至公元前643年在位；

春秋二霸：晋文公，公元前636年至公元前628年在位；

春秋三霸：楚庄王，公元前613年至公元前591年在位；

春秋四霸：吴王阖闾，公元前514年至公元前496年在位；

春秋五霸：越王勾践，公元前497年至公元前465年在位。

本著主要依据王褒的提法，对和氏璧在春秋时代在楚国的历史传承阶段进行探索和展开论述。

二、齐桓公首霸春秋

齐桓公在一代名相管仲的辅佐下，成为春秋首霸。齐桓公首霸春秋，更多的是出于尊王攘夷，维护周天子的权威和天下名义上的统一。

齐桓公首霸春秋的时期正是楚成王当政的时期。楚成王是楚文王少子，于公元前 672 年杀其兄楚王堵敖而自立，公元前 671 年至公元前 626 年在位。楚成王即位开始时以“布德施惠”、“结好诸侯”和重贡周王来巩固自己的王位。当时齐桓公称霸，楚成王也跃跃欲试，屡屡用兵中原与齐争霸。但在公元前 656 年，慑于春秋霸主齐桓公的兵威，被迫与齐国缔结“召陵之盟”，并暂时和中原诸侯和好休兵。

也许，楚国的和氏璧在这时尚未声名远播，也许是这时的楚成王也视之为“邦之利器，不可以示人”。总之，和氏璧尚未在这个时期的历史文献中正式出现。但与和氏璧同产于江汉流域、同属金刚石一类的“宝珠”——“江汉之珠”早在尧舜时代就已出名，在春秋早期，更是被管仲推荐作为周天子的上等货币，作为天子与诸侯进行商业交易的媒介。目的是促成和加强诸侯与天子之间经济利益联结的纽带，使得诸侯能够经常朝拜周天子。

三、江汉之珠作为上币

管子拜为齐国上卿(即丞相)、担任“春秋第一相”时，曾辅佐齐桓公成为春秋时期的第一位霸主。在《管子》一书中，管子提出齐桓公可以协助周天子推行“以珠玉为上币”，即以包括“江汉之珠”在内的宝珠作为上等货币，与之进行经济贸易，加强诸侯国与周天子之间的经济联系纽带，认为这样可以吸引这些产出宝珠的地区经常朝拜周天子，从而维持国家稳定。

笔者 2004 年(王春云，2004b)在“湖北金刚石自然历史之谜告破”的论文中，曾经指出，“江汉之珠”很可能是湖北江汉地区出产的金刚石，因

此“江汉之珠”与同产于江汉地区的楚国楚山的和氏之璧是有联系的，因为它们同属于金刚石一类，且都产于江汉流域。

因此，管子协助齐桓公尊王，提出以包括“江汉之珠”在内的宝珠作为上等货币，这在一定程度上表明了产出和氏之璧的江汉地区的宝珠的经济价值及其所起的经济杠杆作用。

管子的论述如下，读者可以自己体味。

> 揆度曰：“金出于汝、汉之右衢，珠出于赤野之末光，玉出于禺氏之旁山（即今昆仑山东缘地区）。此皆距周七千八百余里，其涂远，其至阨。故先王度用于其重，因以珠玉为上币，黄金为中币，刀布为下币。故先王善高下中币，制下上之用，而天下足矣。”
>
> ——春秋管仲撰《管子·轻重乙第八十一》

《管子》这里转述揆度的说法：“黄金产在汝河、汉水的右面，宝珠产在赤野的末光，玉产在禺氏的旁山。这些宝物都与周天子都城相距七千八百里，路途十分遥远。于是先王依据其贵重程度，将珠玉定为上等货币，黄金定为中等货币，刀布作为下等货币。这样只要掌控了黄金中币的价格，就可以调节下币刀布和上币珠玉的作用，从而满足国家需要。”

> 桓公问于管子曰：“昔者周人有天下，诸侯宾服，名教通于天下，而夺于其下。何数也：”管子对曰：“君分壤而贡入，市朝同流。黄金，一策也；江阳之珠，一策也；秦之明山之曾青，一策也。此谓以寡为多，以狭为广。轻重之属也。
>
> ——春秋管仲撰《管子·山至数第七十六》

这里齐桓公请教管仲：周朝从前享有天下，诸侯宾服，可现在诸侯怎么把权力夺走了？管仲回答说：国君将不同地区的贡产，放在自由市场上买卖。可以买卖黄金，可以买卖江阳之珠，也可以买卖秦地明山所产的曾青，还可以做到以寡为多，以狭为广。

> 桓公曰：“四夷不服，恐其逆政游于天下而伤寡人，寡人之为此有道乎？”管子对曰：“吴越不朝，请珠象而以为币乎。发、朝鲜不朝，请

文皮、毤服而以为币乎。禺氏不朝，请以白璧为币乎。昆仑之虚不朝，请以璆琳、琅玕为币乎。故夫握而不见于手，含而不见于口，而辟千金者，珠也；然后，八千里之吴越可得而朝也。一豹之皮，而辟千金也；然后，八千里之发、朝鲜可得而朝也。怀而不见于抱，挟而不见于掖，而辟千金者，白璧也；然后，八千里之禺氏可得而朝也。簪珥而辟千金者，璆琳、琅玕也；然后，八千里之昆仑之虚可得而朝也。故物无主，事无接，远近无以相因，则四夷不得而朝矣。”

——春秋管仲撰《管子·轻重甲第八十》

这里齐桓公在请教管子：怎样才能让四夷臣服、不危害到寡人呢？管仲回答说：如果吴国和越国不来朝拜，可以宝珠和象牙作为货币。如果发国和朝鲜不来朝拜，可以皮张和皮服作为货币。如果禺氏不来朝拜，可以玉璧作为货币。如果昆仑虚不来朝拜，可以良玉美石作为货币。所以，要妥善管理好这些地方所产的宝物，让这些地方发展经济，有所依靠，四夷也就会来朝拜了。

四、楚成王继齐桓公之后称雄中原

楚成王于公元前 671 年继位为王，开始以“布德施惠”、“结好诸侯”和重贡周王来巩固王位，逐渐开始了北上争霸的征程。公元前 656 年，当时齐桓公称霸，慑于齐桓公的兵威，楚国不得不与齐国缔结“召陵之盟”，暂时和中原的诸侯国和好休兵。但从公元前 655 年起，楚成王先后率师灭掉齐之盟国弦国(今河南息县)、黄国(今河南民权东南)。公元前 643 年齐桓公死后，楚成王加快了称雄中原的步伐。因宋襄公也欲称霸，于是与宋争斗，结果打败了宋师。但在公元前 632 年发生的“城濮之战”中为新兴的春秋霸主晋文公所败，楚国向中原的发展暂时受阻。

第七章 晋文公楚国谈玉，嗣后退避三舍

一、重耳赞誉楚国玉、帛之盛美

春秋左丘明著《左传·僖公二十三年》记载：

> （公元前637年，重耳）及楚，楚子飨之，曰："公子若反晋国，则何以报不谷？"对曰："子、女、玉、帛则君有之，羽、毛、齿、革则君地生焉。其波及晋国者，君之余也，其何以报君？"曰："虽然，何以报我？"对曰："若以君之灵，得反晋国，晋、楚治兵，遇于中原，其辟君三舍。若不获命，其左执鞭弭，右属櫜健，以与君周旋。"子玉请杀之。楚子曰："晋公子广而俭，文而有礼。其從者肃而宽，忠而能力。晋侯无亲，外内恶之。吾闻姬姓，唐叔之后，其后衰者也，其将由晋公子乎。天将兴之，谁能废之。违天必有大咎。"乃送诸秦。
>
> ——春秋左丘明著《左传·僖公二十三年》

这里的"重耳"就是后来在春秋时代赫赫有名的晋文公，在公元前637年逃难于楚国。原因是晋献公晚年宠爱骊姬，杀儿子申生，逼走另外两个儿子重耳、夷吾，而立骊姬的儿子奚齐为太子。后来奚齐果然继位，但诸公子随即争位，导致奚齐被杀，于是晋国大乱。重耳先是逃到宋国，再到郑国，然后是楚国，最后是秦国。当时楚成王以诸侯之礼款待了重耳，并问他以后打算如何报答楚国。重耳的回答是当"退避三舍"。这里的"三舍"在春秋时等于九十里。后来重耳在秦穆公的帮助下回国，果然做上了晋国国君，这就是晋文公。而晋文公嗣后真的同楚成王在城濮之战中遭遇。晋文公没有食言，命令晋军"退避三舍"以回报楚王当年庇护他时所给予的恩惠，但结果是晋军打败楚军，晋文公称霸春秋。

重耳逃难楚国在楚国会见楚成王时，不仅答应楚成王将来会“退避三舍”，还盛赞了楚国玉、帛之盛美：“子、女、玉、帛则君有之”，这在春秋左丘明著《左传·僖公二十三年》中有明确记载。那么重耳所称赞的楚国的“玉”是否跟楚国国宝“和氏璧”有联系呢？历史文学记载没有明确交代。从楚王一直遵循先哲“邦之利器，不可以示人”的教诲来看，此时的重耳大约没有看到楚国国宝和氏璧。所以，笔者只有猜想，重耳在当时应当是听说过楚国国宝“和氏璧”的，在称赞楚国“玉”、“帛”之时可能有所联想。

二、晋文公退避三舍，成为春秋霸主

对于晋文公如何退避三舍和成为春秋霸主，西汉司马迁著《史记·晋世家》有详细记载：

> (公元前 632 年)楚得臣怒，击晋师，晋师退。军吏曰：“为何退?”文公曰：“昔在楚，约退三舍，可倍乎!”楚师欲去，得臣不肯。四月戊辰，宋公、齐将、秦将与晋侯次城濮。己巳，与楚兵合战，楚兵败，得臣收余兵去。甲午，晋师还至衡雍，作王宫于践土。……晋焚楚军，火数日不息，文公叹。左右曰：“胜楚而君犹忧，何?”文公曰：“吾闻能战胜安者唯圣人，是以惧。且子玉犹在，庸可喜乎!”子玉之败而归，楚成王怒其不用其言，贪与晋战，让责子玉，子玉自杀。晋文公曰：“我击其外，楚诛其内，内外相应。”于是乃喜。
>
> ——西汉司马迁著《史记·晋世家》

这里讲楚成王四十年(前 632)时，那位在公元前 637 年就建议楚成王杀掉当时逃难于楚的重耳的楚国令尹子玉此时带军北上，同晋军作战。晋文公下令晋军退避三舍。但实际是守株待兔，等待早已策划好了的宋、齐、秦三国的援军到来，结果晋军在城濮以逸待劳，大败楚军，子玉被逼自杀。

晋文公接着与鲁、齐、宋、蔡、郑、卫、莒、陈等国国君以及周襄王会于践土。晋文公在诸侯盟会上被推举为伯，于是继齐桓公称霸春秋。

三、晋文公觊觎楚国和氏璧的学术联想

晋文公的父亲是晋献公。这里介绍一下晋献公的背景资料。晋献公姓姬，名诡诸，在位时用士蔿之计，尽灭曲沃桓公和庄伯子孙，继而攻灭骊戎、耿、霍、魏等国，击败狄戎。这里的魏国指春秋时期魏国，也是西周时分封的诸侯国，姬姓，在今山西芮城县北，于公元前 661 年被晋献公攻灭，晋献公随即把它封给毕万，于是毕万成了战国时魏国国君的先祖。公元前 655 年，晋献公采纳谋士荀息"虞途伐虢"之计，以晋国宝玉"垂棘之璧"和名马"屈产之乘"贿赂虞国国君，从而达到假道虞国以攻伐虢国的目的，结果果然消灭强敌虞、虢。晋献公在中国历史上被称为"并国十七、服国三十八"的一代明君。

战国名家尹文(约前 350—前 285)著《尹文子·大道上》记载了魏国田父获"宝玉径尺"献于魏王的故事，该田父后来获"魏王立赐献玉者千金，长食上大夫"的待遇。一直以来，后世学人对于该记载中所涉魏国的时代、宝玉的产地、宝玉的大小、宝玉的价值以及宝玉最后的流传都无法考证，原因是该历史记载是孤证，且文字过于简单。一般认为这里的魏国是战国时期的魏国，但显然缺乏证据。

笔者在这里大胆提出，该文所指魏国为春秋魏国，后为晋献公所灭；而"田父宝玉"可能为产自今山西芮城附近的一枚超级大钻，只是超级大钻的尺寸不大可能达到"径尺"，因此"径尺"可能是夸大之辞。但古人所谓"径尺"是否指的是超过春秋战国时"五寸"的概数，则不得而知了。该宝玉最终可能在春秋魏国为晋国所灭时为晋献公所获。

"虞途伐虢"、"唇亡齿寒"这两个成语典故也是晋献公时期发生的故事。公元前 655 年，晋献公用"垂棘之璧"和"屈产之乘"贿赂虞公，向虞国请求借路讨伐虢国。当时虞国大夫宫之奇警告虞公说不可，因为虞国和虢国唇齿相依，互为屏障。但虞公不听，宫之奇气得离开了虞国。结果，晋国灭亡了虞、虢两国，俘虏了虞公和虞国大夫百里奚。当晋献公把女儿许配给秦穆公以结秦晋之好时，百里奚也被当作陪嫁的仆人送到秦国。在送亲的路上，百里奚借故逃到楚国，结果被慧眼独具、聪明有加的秦穆公以五张羊皮换回，并被秦穆公拜为相国，之后协助秦穆公"益国十二、开

地千里”并从此独霸西戎。这位百里奚就是史书上有名的“五羖大夫”。

千百年以来，人们一直惊诧于这块导致虞、虢两个国家灭亡的神奇宝玉“垂棘之璧”的材质，这是一块什么神奇的珠宝？笔者 2004 年的研究（王春云，2004a，《中国金刚石历史溯源研究概论》）初步揭开了这个千古之谜，因为当时笔者指出，“垂棘之璧”当为一枚超级大钻！

在见识并拥有“田父宝玉”和“垂棘之璧”两枚超级大钻的前提下，重耳面见楚成王谈论楚国美玉时联想一下楚国和氏璧，并在日后“退避三舍”成就一代霸业的征途中对楚国和氏璧产生一点觊觎，应该还是可以理解的。

诸君如若仍然怀疑，不妨看看下文的研究心得。

春秋左丘明著《国语·卷十八·楚语下·王孙圉论国之宝》记载，楚昭王时，王孙圉聘于晋，晋定公示意国相赵简子鸣玉以相，一语双关地问起楚国国宝“白珩”，其实就是探听楚宝和氏璧。这里的晋定公是晋文公之后的第十位晋国国君，中间经过了晋襄公、晋灵公、晋成公、晋景公、晋厉公、晋悼公、晋平公、晋昭公、晋顷公九位国君，才到晋定公。而晋定公对楚宝和氏璧可谓是“一往情深”，这样的“一往情深”甚至载入了史册《国语》。

第八章　楚霸王问鼎中原，寻回照乘之珠

从楚成王就位开始即在中原争雄时起，楚国历经了楚庄王在位的46年（前671—前626在位）和楚穆王在位的12年（前625—前614在位）励精图治后，国力已非同昔比，为接下来的楚庄王"一鸣惊人"、"问鼎中原"打下了基础。大楚庄王（前613—前591在位）称霸春秋，楚国已经成了天下之伯了，有哪个诸侯还敢来觊觎楚国的国宝和氏璧？

即便在楚庄王之后的楚共王（前590—前560在位）、楚康王（前561—前545在位）、楚郏敖（前544—前541在位）和楚灵王（前540—前529在位）时代里，楚国仍然是春秋时期的强国，也没有诸侯国敢来觊觎楚国的国宝。尤其是楚灵王也学着自己先祖的样子，曾经派遣使者到洛邑问鼎，仍然有一争天下霸主之位的气概。至于战国晚期的楚顷襄王，虽也曾经在楚顷襄王十八年（前281）问鼎洛阳，但那次问鼎可算不上是称霸中原，而只是楚国国运一时的回光返照而已，因为在楚顷襄王时楚国的大势已去，而且楚国早在楚顷襄王的爷爷楚威王时代已经把和氏璧给弄丢了。

所以从楚庄王一直到楚灵王这85年时间里，中国的历史记载里没有和氏璧的篇章。在这个时代里值得一提的宝珠是楚共王的"照乘之珠"，该珠与"和氏之璧"堪称楚国历史上一对姊妹花。

一、楚庄王一鸣惊人、问鼎中原

春秋左丘明著《左传·宣公三年·王孙满对楚子》如此记载楚庄王一鸣惊人、问鼎中原的：

(公元前606年)楚子伐陆浑之戎，遂至于洛，观兵于周疆。定王使王孙满劳楚子。楚子问鼎之大小轻重焉。对曰："在德不在鼎。昔夏之方有德也，远方图物，贡金九牧。铸鼎象物，百物而为之备，使民知神奸。故民入川泽山林，不逢不若。螭魅罔两，莫能逢之。用能协于上下，以承天休。桀有昏德，鼎迁于商，载祀六百。商纣暴虐，鼎迁于周。德之休明，虽小，重也；其奸回昏乱，虽大，轻也。天祚明德，有所底止。成王定鼎于郏鄏，卜世三十，卜年七百，天所命也。周德虽衰，天命未改。鼎之轻重，未可问也。"

——春秋左丘明著《左传·宣公三年·王孙满对楚子》

战国韩非著《韩非子·喻老》如此记载楚庄王一鸣惊人、问鼎中原的：

楚庄王莅政三年，无令发，无政为也。右司马御座，而与王隐曰："有鸟止南方之阜，三年不翅，不飞不鸣，嘿然无声，此为何名?"王曰："三年不翅，将以长羽翼；不飞不鸣，将以观民则。虽无飞，飞必冲天；虽无鸣，鸣必惊人。"

——战国韩非著《韩非子·喻老》

此外，楚庄王一鸣惊人、北伐问鼎中原的事迹在西汉司马迁著《史记·楚世家》中也有类似的详细记载。

楚庄王为楚穆王之子，公元前613年即位，至公元前591年去世。登位之初的三年，不发号令，终日游猎，沉湎声色，在大夫伍参和苏从冒死犯谏后，遂痛改前非，亲理朝政，并举伍参、苏从担任要职，用孙叔敖为令尹，为楚国争霸中原奠定了基础。结果在公元前606年，楚庄王率军北上，在周天子的直辖区洛邑耀武扬威，并遣使问象征周天子王权的九鼎之轻重，大有取周而代的气概。但在听了周天子所派使者王孙满的劝说之后，明白了"鼎之轻重，未可问也"，最终放弃了九鼎。此后十年间，楚庄王先后打败郑国、晋师、宋国，迫使中原诸多小国相继依附楚国。公元前594年，楚、鲁、蔡、许、秦、宋、陈、卫、郑、齐、曹、邾、薛、鄫14国在蜀(今山东泰安西)开会结盟，正式推举楚国主盟，楚庄王于是成为称雄中原的霸主。

此后问鼎中原的楚王还有楚灵王和楚顷襄王。

二、楚共王照乘之珠

明宋濂著《宋文献公全集》记载了楚共王时期的国宝"照乘之珠"：

> 楚共王有照乘之珠，爱之甚，函以金检，命左右负以随时出玩之，游于云梦之泽，失焉。共王不悦，下令国中曰："有获吾珠者，予以万家之邑。"楚国臣无大小，咸索珠，间茅淘土，哄哄者三月竟不得。更数年，繁阳之子牧犊于泽，有气青荧起菅中，视之，珠也，犊以献。共王不失言，乃赐之邑。君子曰："仲尼既没，珠之失二千年矣，求者非一世一人，而弗获之，一旦乃入牧犊者之手，可以人贱忽其珠哉？"
>
> ——明宋濂著《宋文献公全集》

这里的楚共王是楚庄王之子，公元前590年至公元前560年在位，在位31年。繁阳大约在今河南新蔡北，"照乘之珠"就是"夜明珠"，就是"夜光之璧"。笔者2004年（王春云，2004a，《中国金刚石历史溯源研究概论》）研究认为，这颗"照乘之珠"当为超级钻石，但产地究竟在河南平顶山附近的新蔡北面，还是在笔者最初猜测的牧童牧牛的云梦泽旁边，现在看来则是殊难定论的事。按照常理，楚共王丢失的照乘之珠不大可能寻回，牧童牧牛时寻到的宝珠很可能只是与楚共王丢失的照乘之珠相似，但不太可能是同一颗。无论如何，牧童因此得到了楚共王当初承诺的一万户地方作为食邑，比起1977年山东省临沭县魏振芳献出"常林钻石"而得到3000元人民币的奖励自然要高出许多。而且，"楚国臣无大小，咸索珠，间茅淘土，哄哄者三月竟不得"，这大约算得上是中国历史上第一次大规模的金刚石的探矿活动。

楚共王的"照乘之珠"其价值与地位大约比得上"和氏之璧"。

三、楚灵王使周求鼎、称霸中原

对于楚灵王使周求鼎、称霸中原的历史，西汉司马迁著《史记·楚世家》记载如下：

(楚灵王)十一年(前 530),伐徐以恐吴。灵王次於乾溪以待之。王曰:"齐、晋、鲁、卫,其封皆受宝器,我独不。今吾使使周求鼎以为分,其予我乎?"析父对曰:"其予君王哉! 昔我先王熊绎辟在荆山,荜露蓝蒌以处草莽,跋涉山林以事天子,唯是桃弧棘矢以共王事。齐,王舅也;晋及鲁、卫,王母弟也:楚是以无分而彼皆有。周今与四国服事君王,将惟命是从,岂敢爱鼎?"灵王曰:"昔我皇祖伯父昆吾旧许是宅,今郑人贪其田,不我予,今我求之,其予我乎?"对曰:"周不爱鼎,郑安敢爱田?"灵王曰:"昔诸侯远我而畏晋,今吾大城陈、蔡、不羹,赋皆千乘,诸侯畏我乎?"对曰:"畏哉!"灵王喜曰:"析父善言古事焉。"

——西汉司马迁著《史记·楚世家》

楚灵王是楚共王的儿子,于公元前 541 年杀了侄儿楚郏敖后自立为王,于公元前 530 年派遣使者,求九鼎于周天子,意欲继续称霸中原。但楚灵王最终还是放弃了九鼎。

第九章　王孙圉见晋定公，不宝哗嚣之美

一、楚国大夫王孙圉论国之宝

春秋左丘明著《国语·卷十八·楚语下·王孙圉论国之宝》记载：

> 王孙圉聘于晋，定公飨之，赵简子鸣玉以相，问于王孙圉曰："楚之白珩犹在乎？"对曰："然。"简子曰："其为宝也，几何矣？"曰："未尝为宝。楚之所宝者，曰观射父，能作训辞，以行事于诸侯，使无以寡君为口实。又有左史倚相，能道训典，以叙百物，以朝夕献善败于寡君，使寡君无忘先王之业；又能上下说乎鬼神，顺道其欲恶，使神无有怨痛于楚国。又有薮曰云连徒洲，金、木、竹、箭之所生也，龟、珠、角、齿、皮、革、羽、毛，所以备赋，以戒不虞者也；所以共币帛，以宾享于诸侯者也。若诸侯之好币具，而导之以训辞，有不虞之备，而皇神相之，寡君其可以免罪于诸侯，而国民保焉。此楚国之宝也。若夫白珩，先王之玩也，何宝之焉？""圉闻国之宝六而已：圣能制议百物，以辅相国家，则宝之；玉足以庇荫嘉谷，使无水旱之灾，则宝之；龟足以宪臧否，则宝之；珠足以御火灾，则宝之；金足以御兵乱，则宝之；山林薮泽足以备财用，则宝之。哗嚣之美，楚虽蛮夷，不能宝也。"
>
> ——春秋左丘明著《国语·卷十八·楚语下·王孙圉论国之宝》

该文因为文辞生动而入选清人吴楚材和吴调侯编，康熙三十三年(1694)选定的《古文观止》中，列为《古文观止·卷三周文·王孙圉论楚宝》。

清代嘉庆年间岳麓书院大门的门联"惟楚有材、于斯为盛"，就是来自于该文所描述的楚国以人才为宝的理念。这里的上联"惟楚有材"，实出

《左传》之"虽楚有材，晋实用之"，下联"于斯为盛"实出《论语·泰伯》之"唐虞之际，于斯为盛"。

二、王孙圉论国之宝的历史解析

王孙圉是楚昭王的大夫。楚昭王十一年(前505)，吴王阖闾攻占郢都之后引兵撤退，楚昭王得以返回郢都，当时嘉奖了包括王孙圉在内的九人。

王孙圉出使晋国的时代史无明载，但估计大约是在公元前500年左右(即约前503—前497)，相当于楚昭王十三至十九年。这正是楚昭王从吴王亡郢的战乱之后励精图治、恢复国政的时候。这个时候派遣王孙圉出使晋国，显然是要稳住三晋这个北方强敌，使之不要趁乱出兵，攻打楚国。要知道，晋国可是楚国争霸的死对头，从公元前632年的楚国在城濮之战中为晋国所败时起，到公元前500年王孙圉出使晋国时止的132年间，楚晋两国的争夺几乎就没有停止过。

楚昭王是楚平王之子，公元前515年至公元前489年在位。前已述及，楚平王将为太子建所聘的秦国美女孟嬴强娶为自己的夫人，并为掩盖丑闻，处死大夫伍奢，逼走太子建，由此把国都危亡的祸胎留给了儿子楚昭王。公元前506年，伍奢逃亡吴国的儿子伍子胥与吴王阖闾一起，在吴国著名军事家孙武的指挥下大举伐楚，结果吴军占领楚都，伍子胥掘平王墓，并鞭平王尸三百下。为此，楚昭王十一年(前505)，楚臣申包胥求救于秦，请秦哀公出兵。秦哀公于是发兵救楚，击败了吴军，吴王阖闾被迫收兵回国，楚昭王得以重返郢都。

因慑于吴国兵威，楚昭王于公元前504年迁都鄀，一直到公元前491年前才重新迁回郢。这期间楚昭王派王孙圉使晋，以图安抚北方强国晋国；同时重用子西、子期、子闾等人，"改纪其政，以定楚国"。楚国因此得以迅速复苏，东面却吴，北面抑晋，在江汉与江淮之间重新树立大国形象，重上争霸行列。在楚昭王二十五年到二十七年(前491—前489)期间(对应于孔子61～63岁期间)，孔子在陈、蔡等国逗留时落难，许多弟子因饿而病。弟子子贡后来到楚国请楚昭王派兵迎请，孔子才得以解围。春秋左丘明著《左传·哀公六年》记载当时出使楚国的孔子这样评价楚昭王：

“楚昭王知大道矣。其不失国，宜哉！”

派兵给楚国解围的秦哀公是独霸西戎的秦穆公之后秦国第五代国君，中间经过秦康公、秦共公、秦桓公、秦景公，才到秦哀公。

观射父是观从之子，为楚昭王时楚国的卜尹，熟知古代宗教，精通祭典，为楚昭王作训辞以通于诸侯。通过祭祀来抚国定民，因此被楚人赞为“楚国之宝”。其父观从是楚平王时卜尹。可见观氏家族基本上世袭了楚国卜尹的神职。

左史倚相，是楚昭王爷爷楚灵王时的史官，楚灵王曾赞其为“良史”，也被王孙圉称为“楚宝”。这里史官也是神职。

赵简子就是赵鞅，春秋末期晋国六卿之一，也是战国七雄之一赵国的奠基人。赵简子出生于世代为晋卿的奴隶主贵族家庭，赵简子的先祖赵衰（赵成子），曾跟随公子重耳逃亡，后来重耳成为一代霸主晋文公，赵衰于是也权重位高。赵简子祖父赵武（赵文子），就是晋景公初年“下宫之役”中落难余生的“赵氏孤儿”，即元代纪君祥所编戏曲《赵氏孤儿》中的原型。赵简子于晋定公十五年（前497）升任晋国正卿，执掌国政。据《春秋左传》记载，赵简子卒于晋定公三十七年（前475），此时正是韩、赵、魏三家分晋的时候。虽然直到公元前403年东周共主周威烈王才正式册命魏、赵、韩三家列位诸侯，但按照中国历史纪年，从公元前475年起就已经实际进入了战国时代。

晋定公是楚国的死对头晋国的国君，于公元前511年至公元前475年在位。晋定公是两霸春秋的晋文公之后的第十位国君，中间经过晋襄公、晋灵公、晋成公、晋景公、晋厉公、晋悼公、晋平公、晋昭公、晋顷公等九位国君，才到晋定公。晋定公任内擢升赵简子为晋国正卿，使晋国一度强盛，晋定公也试图仿照其祖晋文公称霸中原。晋定公三十年（前483）时，晋定公与吴王夫差争长于黄池，当时吴王曰：“于周室我为长。”而晋定公则针锋相对地回应：“于姬姓我为伯。”但伯长之位终归吴王。只是吴王的伯位仅仅是昙花一现，因为吴国不久即为越国所灭。

晋吴争长、吴为越灭的历史实践在西汉司马迁著《史记·赵世家》有详细记载：

> 晋定公三十年，定公与吴王夫差争长于黄池，赵简子从晋定公，卒长吴。定公三十七年卒，而简子除三年之丧，期而已。是岁，越王勾践灭吴。
>
> ——西汉司马迁著《史记·赵世家》

笔者认为，《国语》关于楚国大夫王孙圉论国之宝的记述表明，晋定公让赵简子讯问王孙圉楚国国宝目的是探听楚国虚实，意图趁火打劫，讨伐楚国。这一点只要看看后文关于秦欲伐楚使观楚国和氏璧的历史记载就可以明白了。这种暗藏杀机的外交场合的确是考验楚国有没有人才的时候了，而王孙圉的机智作答，让晋国知道楚国"不宝哗器，惟宝贤才"。晋国是看不到楚国的国宝和氏之璧的，晋国能够看到的是楚国人才济济，因此不得不发出感叹"不可图也"。因此，王孙圉的外交表现本身也说明了楚国有杰出的外交人才。

大家知道，赵惠文王十六年(前283)发生的蔺相如完璧归赵历史事件，其中的主角之一就是酷爱和氏璧的赵惠文王，而赵惠文王就是赵简子的后代。赵简子在晋定公时期就开始觊觎的楚国国宝和氏璧，终于在200年后由其后人赵惠文王意外地得到了。也就是说，赵国对于和氏璧的想望是从赵国先祖赵简子的时代就开始了！经过200年的时光演变，继晋而起的赵国终于在赵惠文王十六年(前283)真正地获得了天下共传宝——和氏之璧！

对于和氏璧如此长时间的斯守想望一朝得以实现，自然是难解难分，于是才有了赵国以弱国之身，依仗蔺相如的智慧，硬是粉碎了强秦对于和氏璧的非分之想。这大概也说明了和氏璧给人的魅力大大超越了春秋战国时期的时空概念。

三、"白珩"是白璧、和氏璧的隐语

《国语》这段描述文字中的"白珩"是什么宝贝呢？原来是指古代玉佩组件上端的一个佩件。东汉许慎《说文解字》记载："珩，佩上玉也。"春秋孔丘编《诗·小雅·采芑》记载"有玱葱珩"。注："珩，佩上之横者。"可见，白珩只是玉佩上部的一根横玉，形似磬而小，或上有折角，常用于璧环之上。

从古自君子必佩玉的情形来看，春秋战国时期的“白珩”应该比较普遍，谈不上特别珍贵。但就是因为《国语》这段关于“白珩”的记载，三国时代魏国学者、魏明帝太和年间博士张揖在其所著的《广雅》中有了如此记载：“昭华、白珩、璇璜、和氏璧、璠玙、垂棘，玉也。”唐代学者徐坚《初学记·卷二十七·宝器部·草部附》也有所引。《广雅》在这里将“白珩”、“璇璜”等玉器与“和氏璧”等宝玉并列，倾向于将它们都当作先秦时期的重宝。其实虽然它们都是玉，但“白珩”的价值与“和氏璧”的价值是不能同日而语的！

唐初司马贞著《史记索隐》对于“卞和献宝，楚王刖之”的注释是：“楚人卞和得玉璞，事见《国语》及《吕氏春秋》。”民国学者李乃宣和张承鋆在1930年出版的著作《玉说·说玉之产地》中也指出《国语》将“荆山璞玉”称为“宝玉”：“荆山璞玉，《国语》称为宝玉，至战国而和氏之璧价重连城。然仅一见，或曰秦玺，和氏璧为之，然欤？否欤？荆山如故，近则不见产玉。土人云，地气盛则产玉。亦臆度而已。”可是你如果按照唐人司马贞的指导，或者遵照近人李乃宣和张承鋆的著述，谅你找遍《国语》，也找不到和氏璧记载的半点影子。

这是怎么回事呢？是不是《国语》的文字版本搞错了，“白珩”的文字记载是不是本意应该为“白璧”呢？还是文字记载没错，但语意实际上指赵简子借“白珩”来暗示楚国国宝“白璧”？千百年来，这可让史学家犯难了。要知道，作为后学的我们是没权力改史的。

如此一个符合逻辑的理解就是：《国语》关于楚国“白珩”的这段记事是一语双关，而双关的本质是：赵简子的问话是冲着楚国国宝和氏璧来的，而和氏璧是白璧，与“白珩”音义相近。

网络作者王贵生2004年在“浅谈和氏璧”一文中，根据《国语》关于楚国“白珩”的这段记事认为：“若真有举世闻名的和氏璧，赵简子这位名相一定知道，应当问和氏璧还在吗？可见楚国没有和氏璧。”这位网人居然以赵简子没有问起和氏璧一事来否定楚国没有和氏璧，结论实属荒谬。因为赵简子会见王孙圉没有问起的事多了去了，而按照这位网人的逻辑，那就是都不存在？让笔者殊感遗憾的是，就这么一篇妄文，居然还被不少媒体煞有介事地进行了转载。

十分吊诡的是，《国语·楚语下》记载的这位楚国名臣王孙圉于楚昭

王十三至十九年间(前 503—前 497)出使晋国阻挡晋欲谋楚的外交事件,在南朝宋范晔著《后汉书·卷六十三·李杜列传第五十三》中变成了楚宣王时期楚国名臣昭奚恤机智破解秦欲谋楚的外交事件了。请看范晔《后汉书》的记载:

> 迁将作大匠。上疏陈事曰:"臣闻气之清者为神,人之清者为贤。养身者以练神为宝,安国者以积贤为道。昔秦欲谋楚,王孙圉设阵西门,陈列名臣,秦使懼然,遂为寝兵。
>
> ——南朝宋范晔著《后汉书·卷六十三·李杜列传第五十三》

好在《后汉书》先有南朝梁人刘昭作注,补入了西晋司马彪《续汉书》中的八志,后有唐代章怀太子李贤作注,才算是通过注释将《新序》所言的昭奚恤机智破解秦欲谋楚的外交事件与《国语》所载的王孙圉机智破解晋欲谋楚的外交事件分开来了,从而一举纠正了南朝学者范晔在《后汉书》中所犯的引文错误。

四、吴王阖闾四霸春秋、越王勾践五霸春秋

前已述及,吴王阖闾用伍子胥、孙武的谋略,西征并打败了强大的楚国,北伐则威震齐国和晋国,南讨则降服了越国,于是成为春秋四霸。

我们没法知道吴王阖闾取郢是不是冲着楚国国宝和氏璧,但我们知道吴军一定是为着抢掠财宝而来的,以至于楚国先王楚平王的墓葬都没有被放过。

但吴国成为春秋第四位霸主的好景不长,因为在吴王阖闾之后,吴王夫差因为痴迷上已经臣服的越王勾践所上贡的大美女西施,不仅贻误了国政,也耽误了在诸侯国黄池盟会上的称霸。

历史记载,公元前 482 年,吴王夫差尽率精锐北上,参加黄池之会。而越王勾践则乘虚而入,大败吴师,杀掉守国的吴国太子。夫差在仓卒与晋定盟之后返回吴国,但与越国连战不利。公元前 473 年,越军再次大破吴国,吴王夫差被逼自杀,吴国灭亡。

越王于是乃步吴国后尘,以兵渡淮,会齐、宋、晋、鲁等诸侯于徐州(今山东滕州南),成为春秋最后的一个霸主。

吴王阖闾四霸春秋、越王勾践五霸春秋的时代都很短暂，此时的春秋行将结束，霸政也趋于尾声，战国时代就要来临。

如果说春秋五霸时代的霸主们打的还是尊王攘夷的旗号，霸主们对于楚国国宝和氏璧还只有贼心、没有贼胆的话，那么当历史到了七雄混战的战国时代，和氏璧的命运又将如何？我们也许可以从楚威王时期将军昭阳因为灭掉吴越而获赐楚国国宝——和氏璧的历史记载看出端倪！

所谓事出有因，诚然！

第十章　秦孝公觊觎和氏璧，遭遇楚国名臣

一、《新序》关于秦欲观楚和氏之璧的记载

西汉刘向辑《新序·杂事一》关于秦欲观楚和氏之璧的记载如下：

> 秦欲伐楚，使使者往观楚之宝器，楚王闻之，召令尹子西而问焉，曰："秦欲观楚之宝器，吾和氏之璧、隋侯之珠，可以示诸？"令尹子西对曰："不知也。"召昭奚恤而问焉，昭奚恤对曰："此欲观吾国得失而图之，不在宝器，在贤臣，珠玉玩好之物，非宝重者。"王遂使昭奚恤应之。昭奚恤发精兵三百人，陈于西门之内。为东面之坛一，为南面之坛四，为西之坛一。秦使者至，昭奚恤曰："君，客也，请就上位东面。"令尹子西南面，太宗子敖次之，叶公子高次之，司马子反次之。昭奚恤自居西面之坛，称曰："客欲观楚国之宝器，楚国之所宝者贤臣也。理百姓，实仓廪，使民各得其所，令尹子西在此。奉王圭璧，使诸侯，解忿悁之难，交两国之欢，使无兵革之忧，太宗子敖在此。守封疆，谨境界，不侵邻国，邻国亦不见侵，叶公子高在此。理师旅，整兵戎，以当强敌，提枹鼓以动百万之众，所使皆趋汤火，蹈白刃，也万死不顾一生之难，司马子反在此。怀霸王之余议，摄治乱之遗风，昭奚恤在此。唯大国之所观。"秦使者惧然无以对，昭奚恤遂揖而去。秦使者反，言于秦君曰："楚多贤臣，未可谋也。"遂不伐楚。《诗》云："济济多士，文王以宁。"斯之谓也。
>
> ——西汉刘向辑《新序·杂事一》

这是战国时期关于和氏璧成为秦欲伐楚导火索的最详细的历史记载。下面详细分析这一著名外交事件的历史背景。

二、秦欲观楚和氏之璧的历史解析

上述历史记载中的楚王就是楚国国君楚宣王，又称荆宣王，是楚肃王的弟弟，名为良夫，公元前 369 年至前 342 年在位。楚宣王是楚昭王之后的第七位国君，中间经过楚惠王、楚简王、楚声王、楚悼王和楚肃王五位国君，才到楚宣王。楚宣王曾经遣师西侵巴地，东灭陈、蔡等国，任命昭奚恤为令尹。

秦欲伐楚外交事件中，与楚宣王对应的“秦君”就是秦孝公。现在让我来介绍这位雄心勃勃的秦国国君。秦孝公，公元前 381 年至公元前 338 年在位，是秦穆公首霸西戎以来的第十六位国君。秦穆公之后，经历了秦康公、秦共公、秦桓公、秦景公、秦哀公、秦惠公、秦悼公、秦厉共公、秦躁公、秦怀公、秦灵公、秦简公、秦惠公、秦出公、秦献公十五位国君，才到秦孝公。从秦穆公成为春秋五霸而称霸西戎始，到秦孝公开始雄视东方、觊觎东方强国楚国止，秦国历史经过了将近 300 年的演变。秦孝公因为迁都咸阳和任用商鞅变法，使秦国在继秦穆公之后成为一代强国，当时的形式大有“席卷天下、包举宇内、囊括四海之意，并吞八荒之心”。所以在这个时候秦欲伐楚就很自然了，但竟然是冲着天下共宝和氏璧来的！

西汉贾谊所著《过秦论》一文在西汉贾谊撰《新书》第一卷、西汉司马迁撰《史记·秦本纪》和《史记·陈涉世家》、东汉班固撰《汉书》及南朝梁萧统编选《文选》卷五十一中都有转载。贾谊在《过秦论》中这样论述秦孝公统治下的秦国形势：

> 秦孝公据崤函之固，拥雍州之地，君臣固守以窥周室，有席卷天下、包举宇内、囊括四海之意，并吞八荒之心。当是时也，商君佐之，内立法度，务耕织，修守战之具，外连衡而斗诸侯。于是秦人拱手而取西河之外。孝公既没，惠文、武、昭襄蒙故业，因遗策，南取汉中，西举巴、蜀，东割膏腴之地，北收要害之郡。诸侯恐惧，会盟而谋弱秦，不爱珍器重宝、肥饶之地，以致天下之士，合从缔交，相与为一。
>
> ——西汉贾谊著《过秦论》

昭奚恤为楚宣王时重臣，楚国当时著名的将领，曾担任令尹。这位昭

奚恤就是中国历史成语典故“狐假虎威”中的主角，当时的北方诸侯都十分怕他。而“狐假虎威”成语典故指的就是昭奚恤假借楚宣王之威，震慑北方诸侯。西汉刘向编《战国策·楚策一》这样描述“狐假虎威”：

> 荆宣王问群臣曰：“吾闻北方之畏昭奚恤也，果诚何如？”群臣莫对。江一对曰：“虎求百兽而食之，得狐。狐曰：‘子无敢食我也。天帝使我长百兽，今子食我，是逆天帝命也。子以我为不信，吾为子先行，子随我后，观百兽之见我而敢不走乎？’虎以为然，故遂与之行。兽见之皆走。虎不知兽畏己而走也，以为畏狐也。今王之地方五千里，带甲百万，而专属之于昭奚恤；故北方之畏昭奚恤也，其实畏王之甲兵也，犹百兽之畏虎也。”
>
> ——西汉刘向编《战国策·楚策一》

至于西汉刘向辑《新序·杂事一》记载的秦欲观楚和氏之璧的外交事件中的其他主角，这里一一道来。

令尹子西是楚国国相，名申，楚平王子，昭王兄，在昭王和惠王时为令尹，死于惠王十年(前479)。

太宗子敖即是主管楚国音礼乐的大宗伯子敖，辅佐楚王掌管宗室之事，为六卿之首，官位相当于后来的礼部尚书，但子敖的具体时代不清楚。

叶公子高即春秋时楚邑叶地(今河南省叶县)的子高，姓沈名诸梁，字子高，为叶令，是楚昭王、惠王时人，和子西同时。

司马子反为楚庄王时大将，战国齐公羊高著《春秋公羊传·宣公十五年》记载：“庄王围宋，军有七日之粮尔，尽此不胜，将去而归尔。于是使司马子反乘堙而窥宋城。”楚庄王之后经历了楚共王、楚康王、楚郏敖、楚灵王、楚平王五位国君，之后才到楚昭王。而楚昭王之后，还要经历六位国君才到楚宣王。

《新序》外交事件记载中的“楚王”、“秦王”、“昭奚恤”都是楚宣王时期人物，但是令尹子西、太宗子敖、叶公子高和司马子反则都是楚国历史上的有功之臣和杰出人物，但却都不是楚宣王时期人物，如司马子反竟然是楚宣王之前第十三位君主楚庄王时期的大将，前后相差竟然有250多年！

昭奚恤怎么能把四个死人请来吓唬秦国特使？这一历史记载的矛盾怎么解决？

笔者认为，这当为西汉时期这位大史学家刘向在历史记事时所犯的错误。以秦孝公时期由于商鞅的改革秦国国力大增以至于具备一吞六合的能力和勇气来看，笔者偏向于认为，该外交事件的史实应当发生在昭奚恤的时代。至于昭奚恤在外交事件中请来助威的楚国“四大金刚”，也许只是代表“惟楚有才”的神像而已。至于外交的效果，笔者认为只能是暂时吓唬吓唬秦孝公的使者，使秦国至少暂时放弃攻打楚国的计划。

西汉司马迁撰《史记·楚世家第十》记载，到了楚宣王三十年（前340）时，秦孝公封卫鞅於商，同年南侵楚国。也是在该年，楚宣王卒，其子威王熊商立。

也就是说，当历史发展到了公元前340年时，秦国果然开始南侵楚国了！这也就意味着，楚国国宝和氏璧的命运也亟亟可危了！

三、齐威王、魏惠王谈论“照乘之珠”

自楚国卞和献璧后，从楚文王到楚宣王的大约400年间，世接代传，和氏璧一直归存楚国王室，是楚国的镇国之宝。但下文将要介绍，在楚威王（前339—前329年在位）时，和氏璧被赐给了灭越吞吴有功的楚国功臣昭阳。

就在昭奚恤充分显示外交才华、借助楚国先贤的神威、以楚国“不宝哗器、惟宝贤才”的外交策略一举粉碎秦孝公伐楚抢璧的企图时，中国历史上另外两位国君也在一个杀机四伏的外交场合谈论着他们各自的国宝，而且谈论的主题与方式与楚昭王时王孙圉论宝或者楚宣王时昭奚恤论宝如出一辙。只是这次谈论国宝的主角成了齐威王和魏惠王，时间是楚宣王十五年，即公元前355年。

西汉司马迁著《史记·田完世家》对此有详细记载：

> 二十四年（前355），与魏王会田於郊。魏王问曰：“王亦有宝乎？”威王曰：“无有。”梁王曰：“若寡人国小也，尚有径寸之珠照车前後各十二乘者十枚，奈何以万乘之国而无宝乎？”威王曰：“寡人之所以为宝与王异。吾臣有檀子者，使守南城，则楚人不敢为寇东取，泗上十二诸侯皆来朝。吾臣有朌子者，使守高唐，则赵人不敢东渔於

河。吾吏有黔夫者，使守徐州，则燕人祭北门，赵人祭西门，徙而从者七千馀家。吾臣有种首者，使备盗贼，则道不拾遗。将以照千里，岂特十二乘哉！”梁惠王惭，不怿而去。

——西汉司马迁著《史记·田完世家》

由此可见，国宝的确是一国财富势力的体现，但如何对待国宝，则体现了一个国家的统治者的治国能力。而且，在对待国宝的态度方面，无论是楚昭王时王孙圉论宝，楚宣王时昭奚恤论宝，还是齐威王和魏惠王论宝，这些载入史册的历史事件都体现了惊人的相似性。楚昭王、楚宣王和齐威王这些有为的国君所强调的都是要不以珍宝为国宝，而要以治国之人才为国宝！

第十一章　楚威王灭越吞吴，和氏璧赏赐昭阳

楚威王时期，楚国国宝和氏璧被楚王按照先贤"不宝哗器、惟宝贤才"的教导，赏赐给了立有大功的贤才——灭越吞吴的功臣昭阳。这一历史事件在西汉司马迁著《史记·张仪列传》中只有如下三处提到，且都涉及战国时代杰出的纵横家张仪：

> 已而楚相亡璧，门下意张仪。
>
> 仪贫无行，必此盗相君之璧。
>
> 我不盗而璧，若笞我。若善守汝国，我顾且盗而城。
>
> ——西汉司马迁著《史记·张仪列传》

司马迁的三处记载都非常简略。那么这些记载中的"璧"为何物？是否是和氏璧？记载中的"楚相"是谁？是否是"昭阳"？"楚相"究竟在何时获"璧"？在何时亡"璧"？对于所有这些关键问题，历史记载都没有作出明确交代。本文将详细研究。

一、明人余邵鱼和冯梦龙、清人蔡元放和杨景淐的研究

明余邵鱼、冯梦龙和清蔡元放等著《东周列国志》第九十回记载：

> 却说张仪自离鬼谷归魏，家贫，求事魏惠王不得，后见魏兵屡败，乃挈其妻去魏游楚，楚相国昭阳留之为门下客。昭阳将兵伐魏，大败魏师，取襄陵等七城。楚威王嘉其功，以"和氏之璧"赐之。
>
> 何谓"和氏之璧"？当初楚厉王之末年，有楚人卞和，得玉璞于荆山，献于厉王。王使玉工相之，曰："石也！"厉王大怒，以卞和欺君，刖

其左足。及楚武王即位,和复献其璞。玉工又以为石。武王怒,刖其右足。及楚文王即位,卞和又欲往献,奈双足俱刖,不能行动,乃抱璞于怀,痛哭于荆山之下,三日三夜,泣尽继之以血。有晓得卞和的,问曰:"汝再献再刖,可以止矣。尚希赏乎?又何哭为?"和曰:"吾非为求赏也。所恨者,本良玉而谓之石,本贞士而谓之欺,是非颠倒,不得自明,是以悲耳!"楚文王闻卞和之泣,乃取其璞,使玉人剖之,果得无瑕美玉,因制为璧,名曰:"和氏之璧"。今襄阳府南漳县荆山之颠有池,池旁有石室,谓之抱玉岩,即卞和所居,泣玉处也。楚王怜其诚,以大夫之禄给卞和,终其身。

此璧乃无价之宝,只为昭阳灭越败魏,功劳最大,故以重宝赐之。昭阳随身携带,未尝少离。

——明余邵鱼、冯梦龙和清蔡元放等著《东周列国志》第九十回

明人余邵鱼、冯梦龙和清人蔡元放的上述研究结果表明,司马迁讲的"楚相"大抵就是昭阳,他丢失的"璧"大抵就是"和氏璧"。但《东周列国志》的作者们认为,楚威王时相国昭阳是因为将兵伐魏、大败魏师、取魏襄陵等七城的功绩才被楚威王赐以"和氏之璧"的,而当时张仪为昭阳门下客。但在引文末了,又言"昭阳灭越败魏,功劳最大,故以重宝赐之",这里又含糊其词地说到获赐和氏璧的另一个原因"灭越"了。

清代学者杨景淯在《鬼谷四友志》中对于司马迁讲的"楚相"、"璧"和张仪因璧受辱的时代等问题,也持类似看法。

二、获璧和失璧的"楚相"当是昭阳

网人翔锋(2003)在网文"传国玉玺——一个观察中国古代历史的窗口"中依据:①西汉司马迁《史记·楚世家》记载昭阳是在楚怀王六年将兵伐魏、大败魏师、取襄陵等七城,且当时官职仅为柱国,离"上柱国,封上爵执珪"和"令尹"还有一段差距;②张仪在楚怀王元年(前328)已经在秦国为"相",此前还出任秦惠王的客卿,明确质疑"和氏璧与张仪究竟扯不扯得上关系"。

文史学者何忆和孙建华2008年在"《历史密码》之和氏璧下落之谜"

一文中进行了这样简单的叙述:“楚威王在位时,为表彰相国昭阳灭越有功,赐璧于昭阳”,后来和氏璧失窃、张仪受辱都与昭阳有关。

的确,笔者也认为,司马迁笔下失璧的“楚相”就是昭阳。昭阳在楚怀王六年(前 323)将兵伐魏时的官职为柱国,不是“上柱国,封上爵执珪”,也不是“令尹”,但昭阳将兵伐魏时的柱国官职并不影响后世史学家称呼昭阳为相国,因为只要昭阳在后来作过相国就可以了。比如后人称呼流亡楚成王时的晋公子重耳为晋文公,是因为他后来真的成了晋文公,尽管他在流亡楚国当时还不是。再比如,西汉司马迁著《史记·楚世家》记载:“(楚)威王六年(公元前 334),周显王致文武胙於秦惠王。”实际上此时的所谓“秦惠王”还未称王,还只是“秦惠文君”,直到得了张仪辅佐后才在楚怀王四年(前 325)称王。

昭阳是否做过楚相,笔者暂时还无法直接证实,可至少我们也无法否定。但只要想一想,昭阳参与公元前 333 年楚国灭越之战,指挥公元前 323 年的侵魏之战,战功如此卓著以至后来升为楚国国相,这完全是可能的。尤其是在楚怀王六年(前 323)发生的“楚魏襄陵之战”,昭阳率兵攻打魏国,获得襄陵(今河南睢县)等八邑。此战在古代军事史上影响很大,楚国因此而威震齐、燕、赵、魏、秦、韩六国。

还有,别忘了,昭阳的祖父就是上文中提到的、在楚宣王时期就威名赫赫的昭奚恤,昭奚恤为战国早期楚宣王(前 369—前 342)的大臣,还曾一度担任楚宣王时的令尹,在秦欲谋楚的外交事件中表现出了大智大勇,不仅打掉了秦使对于和氏璧的觊觎之心,而且通过外交打消了秦欲伐楚的豺狼之心。楚国有此智勇双全的昭奚恤爷爷,还有战功卓著的昭阳孙子,真可谓“惟楚有才,于斯为盛”。

三、昭阳所获之璧当为和氏璧

昭阳所获之“璧“当为和氏璧,这是楚威王按照先贤王孙圉、昭奚恤等所倡导的“不宝哗器、惟宝贤才”的教导,而赏赐给立有大功的贤才的,因为无论是楚昭王时的王孙圉,还是楚宣王时的昭奚恤,他们在险象环生的外交场合谈论和氏璧时,都明示楚国不以和氏璧为宝,而以贤才为宝。以和氏璧赏赐功臣,不正好验证了楚国先贤的教导吗?而且楚威王所赏赐

的正是帮他父王(楚宣王)智退秦兵的大臣昭奚恤的孙子,所以以他父王(楚宣王)的功臣智退秦兵时谈论的国宝和氏璧来赏赐其孙儿,此事在中国先秦历史上也算是因缘巧合!

四、昭阳获赐和氏璧在楚威王灭越之时

张仪在楚怀王元年(前 328)时在秦国已经拜为"国相",此前还出任秦惠王的客卿。因此,西汉司马迁著《史记·张仪列传》记载:"已而楚相亡璧,门下意张仪","仪贫无行,必此盗相君之璧","我不盗而璧,若笞我。若善守汝国,我顾且盗而城"。这些历史事件都应当是发生在楚怀王之前的楚威王时期。而楚威王时期最大的成就莫过于灭越吞吴。因此昭阳获赐和氏璧的历史事件最可能发生在楚威王灭越之时,而不是明人余邵鱼和冯梦龙、清人蔡元放和杨景淯研究认为的、发生在楚怀王六年(前 323)的"楚魏襄陵之战"。而且,在楚魏王任内,楚国不仅没有讨伐魏国的战绩,相反,还在楚魏王死的当年,魏国乘丧伐楚,取楚陉山。西汉司马迁是这样记述的:"(楚威王)十一年(公元前 329 年),威王卒,子怀王熊槐立。魏闻楚丧,伐楚,取我陉山。"

细心的读者可能记得,楚威王灭越吞吴可是一报其先祖楚昭王时因为吴师伐楚而遭受亡郢的奇耻大辱,这在楚国历史上绝对是件可以令举国欢欣、君臣鼓舞的大事。

西汉司马迁著《史记·越王勾践世家》是这样记载楚威王灭越吞吴的历史事件的:

> [周显王三十六年,楚威王七年,公元前 333 年]於是越遂释齐而伐楚。楚威王兴兵而伐之,大败越,杀王无疆,尽取故吴地至浙江(钱塘江),北破齐於徐州。而越以此散,诸族子争立,或为王,或为君,滨於江南海上(今浙江临海市),服朝於楚。
>
> ——西汉司马迁著《史记·越王勾践世家》

正是因为灭越吞吴,楚威王时期的楚国拥有了楚国 800 年历史中疆域最大的版图。西汉刘向编《战国策·苏秦为赵合从说楚》是这样记载当时楚国的疆域的:

> “楚地西有黔中，巫郡，东有夏州、海阳，南有洞庭、苍梧，北有汾、陉之塞、郇阳。地方五千里，带甲百万，车千乘，骑万匹。粟支十年，此霸王之资也。”
>
> ——西汉刘向编《战国策·苏秦为赵合从说楚》

五、张仪受辱发生在楚威王时期的昭阳府

楚威王灭越后，遵从祖先教诲，不以和氏璧为宝，而以人才为宝，为奖励昭阳的战功，以楚国传世至宝和氏之璧赐给了昭阳。自此，和氏璧成了楚相国昭阳的私产。昭阳获得和氏璧后，自是十分珍惜，但不巧在一次郊游时偶然丢失。丢失国宝，大祸至矣！就是这一丢，牵出了之后战国群雄蜂拥争璧，牵出了天下大乱，牵出了楚国最终也惨遭灭亡的奇特结局来。原因无它，因为昭阳丢了和氏璧，而且还侮辱了当时尚未成名的纵横家张仪。

张仪在楚怀王元年(前 328)在秦国被秦惠文公拜为国相，此前担任客卿。无论如何，从张仪受辱、西走入秦到升为客卿至少需要几年的时间。于是，张仪因和氏璧失窃受辱事件只可能发生在楚威王时期。这一点也反过来证明了昭阳受赐和氏璧的事件发生在楚威王时期，而导致昭阳获赐和氏璧的最可能的历史事件当是楚国于公元前 333 年灭越吞吴。

对于张仪因为被诬窃璧而受辱这一事件，西汉司马迁著《史记·张仪列传》这样记载：

> 张仪者，魏人也。始尝与苏秦俱事鬼谷先生学术，苏秦自以不及张仪。张仪已学游说诸侯。尝从楚相饮，已而楚相亡璧，门下意张仪，曰：“仪贫无行，必此盗相君之璧。”共执张仪，掠笞数百，不服，醳之。其妻曰：“嘻！子毋读书游说，安得此辱乎？”张仪谓其妻曰：“视吾舌尚在不？”其妻笑曰：“舌在也。”仪曰：“足矣。”
>
> ——西汉司马迁著《史记·张仪列传》

对于昭阳获赐和氏璧、随后和氏璧失窃、张仪被诬窃璧而受辱这一段历史，清代学者杨景淐在《鬼谷四友志·卷之二下》也有如下精彩演绎：

昭阳随身携带，未尝少离一日。昭阳出游于赤山，山在襄阳府宜城县，四方宾客从行者百人。那赤山下有深泽，相传姜太公曾钓于此。潘边建有高楼，众人在楼上饮酒作乐。及至半酣，宾客慕和氏璧之美，请于昭阳求备观之。昭阳命守藏竖立车箱中，取出宝椟至前，亲自启钥，解开三重锦袱。玉光烁烁，照人颜面。宾客次第传观，无不极口称赞。昭阳笑谓客道："诸君虽甚称其色之美，可知此王之宝的在何者?"诸客皆道："某等实为未晓，请相君并一教之。"昭阳道："此玉置于暗处，自然有光。又能却尘埃辟邪魅，名曰夜光之璧。若置之座间，冬月则暖，可以代炉。夏月则凉，百步之内蝇纳不入。故又名曰辟寒璧、辟暑璧、辟虫璧。有此数般奇异，他玉不及，所以为至宝。非徒取其光润无瑕而已。"

正赏玩谈论间，左右报言："潭中有大鱼跃起。"昭阳起身，凭栏而观，众宾客一齐出看，那大鱼又跃起来。足有丈余，群鱼从之，摆舞跳跃。俄然云起，东北大雨将至。昭阳分付收拾转程，守藏竖欲取和氏璧置椟，已不知传递谁手，竟不见了。

乱了一回，昭阳回府，教门下客捱查盗璧之人。门下客道："张仪赤贫，素无行，要盗璧如非此人。"昭阳亦心疑之。使人执张仪，笞掠之，要他招承。张仪实不曾盗，如何肯服。笞至数百遍体俱伤，奄奄一息。昭阳见张仪垂死，只得释放。傍有可怜张仪的，扶仪归家。其妻见张仪困顿模样，垂泪而言道："予今日受辱，皆由读书说所致。若安居务农，宁有此祸耶?"仪张口向妻使视之，问道："吾舌尚在乎?"妻笑道："尚在。"张仪道："舌在是本钱，不愁终困也。"

——清杨景淐著《鬼谷四友志·卷之二下》

综上所述，对于昭阳获赐和氏璧、随后和氏璧失窃、张仪被诬窃璧而受辱、一气之下西走秦国、在秦被拜为客卿和国相的一连串历史事件，笔者可以作出如下设想：

(1)楚国于公元前 333 年灭越吞吴。是年，楚威王将和氏璧赏赐给了昭阳；

(2)公元前 332 年，昭阳在游湖时不慎丢失和氏璧，门客张仪被怀疑

窃璧而受辱；

(3)公元前331年，张仪养好伤后离楚去赵，投奔昔日同窗苏秦。同年，得苏秦帮助离赵去秦；

(4)公元前330年，张仪在秦国被秦惠文公拜为客卿；

(5)公元前328年(楚怀王元年)，张仪在秦国被秦惠文公拜为国相。

第十二章　魏张仪入秦为相，报复楚国怀王

张仪在楚国昭阳府因为和氏璧失窃事件受辱，从此西走秦国。这一走，让楚国付出了兵挫地削、怀王客死于秦的悲惨结局来。显然，这一奇特结局也与楚国和氏璧的命运密切相关。

一、张仪入秦为相，立意报复楚国

张仪，是魏国(今河南开封市)人，魏国贵族后裔，生年不详，卒于秦武王元年(前 310)。早年曾随鬼谷子学习纵横之术，是战国时期著名的政治家、外交家和谋略家。张仪早年在鬼谷子处学成出师后返回魏国，曾赴大梁见魏惠王，但惠王不肯重用。张仪于是挈妻去魏游楚，作了昭阳的门客，却不想因为昭阳心爱的宝物——和氏璧为人所盗而遭受奇耻大辱，且在事后没有得到楚国当局的任何安抚。张仪病愈后存下心机，决意报复楚国。

张仪先是赴赵求助于在赵为相的同窗好友苏秦。苏秦施计相助，张仪于是得到西入秦国的机会，开始凭借出众的才智被秦惠王任为客卿，从此开始他的政治、外交和军事生涯，筹划谋略攻伐之事。接着于楚怀王元年(前 328)，被秦惠王任命为相国。张仪于是以联合为秦国争夺天下的第一要策，尽心辅佐秦惠文君，并于楚怀王四年(前 325)，帮助秦惠王第一次实现称王。西汉司马迁著《史记·楚世家》记载："怀王元年，张仪始相秦惠王。四年，秦惠王初称王。"

在张仪相秦后，张仪还曾发檄文给昭阳，明确威胁要报复楚国，一雪被诬盗窃和氏璧所遭受的奇耻大辱。

西汉司马迁著《史记·张仪列传》如此记载：

> 张仪既相秦，为文檄告楚相曰："始吾从若饮，我不盗而璧，若笞我。若善守汝国，我顾且盗而城！"
>
> ——西汉司马迁著《史记·张仪列传》

二、张仪为秦国谋划与和氏璧同样宝重的九鼎

张仪相秦后，积极为秦国谋划与和氏璧同样宝重的九鼎。

西汉司马迁著《史记·张仪列传》记载认为张仪的策略就是"侵楚、魏之地"，夺周天子九鼎宝器，然后"据九鼎，案图籍，挟天子以令於天下，天下莫敢不听"，而这应该就是秦国的"王业"：

> 亲魏善楚，下兵三川，塞什谷之口，当屯留之道，魏绝南阳，楚临南郑，秦攻新城、宜阳，以临二周之郊，诛周王之罪，侵楚、魏之地。周自知不能救，九鼎宝器必出。据九鼎，案图籍，挟天子以令於天下，天下莫敢不听，此王业也。今夫蜀，西僻之国而戎翟之伦也，敝兵劳众不足以成名，得其地不足以为利。臣闻争名者於朝，争利者於市。今三川、周室，天下之朝市也，而王不争焉，顾争於戎翟，去王业远矣。
>
> ——西汉司马迁著《史记·张仪列传》

三、张仪一欺楚怀王，断绝齐楚之交

楚怀王熊槐是楚威王之子，楚顷襄王之父亲，公元前328至公元前299年在位。在位时利令智昏，重用佞臣令尹子兰、上官大夫靳尚，宠爱南后郑袖，而排斥左徒大夫屈原，使得国事日非。楚国本来是六国中的强国，拥有强大的国力，但因为张仪为和氏璧受辱事件存心报复楚国，屡次对楚怀王用计，害得楚齐断交，楚国国力消耗，楚怀王也最终身死异国。

公元前313年即楚怀王十六年，秦王派遣张仪出使楚国，假装将其所侵略的商於之地六百里归还楚国，条件是请楚国与齐国绝交。怀王中计，授张仪以相玺，北绝齐交。齐国则折服而与秦合。楚使随张仪至秦受地时，张仪开始称病不见，后来虽然会见楚使，但称只允与楚地六里。怀王

大怒，不听陈轸等人劝阻，发兵进攻秦国，但楚师被秦将魏章大破于丹阳。楚怀王接着再召集全国的部队，进攻秦国，又惨败于蓝田之役。

西汉司马迁著《史记·楚世家》对此有详细记载：

［楚怀王］十六年，秦欲伐齐，而楚与齐从亲，秦惠王患之，乃宣言张仪免相，使张仪南见楚王，谓楚王曰："敝邑之王所甚说者无先大王，虽仪之所甚愿为门阑之厮者亦无先大王。敝邑之王所甚憎者无先齐王，虽仪之所甚憎者亦无先齐王。而大王和之，是以敝邑之王不得事王，而令仪亦不得为门阑之厮也。王为仪闭关而绝齐，今使使者从仪西取故秦所分楚商於之地方六百里，如是则齐弱矣。是北弱齐，西德於秦，私商於以为富，此一计而三利俱至也。"怀王大悦，乃置相玺於张仪，日与置酒，宣言："吾復得吾商於之地。"群臣皆贺，而陈轸独吊。怀王曰："何故？"陈轸对曰："秦之所为重王者，以王之有齐也。今地未可得而齐交先绝，是楚孤也。夫秦又何重孤国哉，必轻楚矣。且先出地而後绝齐，则秦计不为。先绝齐而後责地，则必见欺於张仪。见欺於张仪，则王必怨之。怨之，是西起秦患，北绝齐交。西起秦患，北绝齐交，则两国之兵必至。臣故吊。"楚王弗听，因使一将军西受封地。

张仪至秦，佯醉坠车，称病不出三月，地不可得。楚王曰："仪以吾绝齐为尚薄邪？"乃使勇士宋遗北辱齐王。齐王大怒，折楚符而合於秦。秦齐交合，张仪乃起朝，谓楚将军曰："子何不受地？从某至某，广袤六里。"楚将军曰："臣之所以见命者六百里，不闻六里。"即以归报怀王。怀王大怒，兴师将伐秦。陈轸又曰："伐秦非计也。不如因赂之一名都，与之伐齐，是我亡於秦，取偿於齐也，吾国尚可全。今王已绝於齐而责欺於秦，是吾合秦齐之交而来天下之兵也，国必大伤矣。"楚王不听，遂绝和於秦，发兵西攻秦。秦亦发兵击之。

十七年春，与秦战丹阳，秦大败我军，斩甲士八万，虏我大将军屈丐、裨将军逢侯丑等七十馀人，遂取汉中之郡。楚怀王大怒，乃悉国兵復袭秦，战於蓝田，大败楚军。韩、魏闻楚之困，乃南袭楚，至於邓。楚闻，乃引兵归。

——西汉司马迁著《史记·楚世家》

四、张仪二欺楚怀王，骗来夜光之璧

公元前 311 年，即楚怀王十八年，楚国著名的三闾大夫屈原奉命使齐，以求恢复齐交，合纵抗秦。但秦国意在破坏合纵，于是派使者至楚国假意宣称，愿分汉中之半以与楚和。但此前因为张仪欺楚而气恼不已的楚怀王此时却不愿得地了，而称愿得张仪。一心玩弄楚怀王的张仪向秦王提出，自己可以再度出使楚国，游说楚国君臣，以图继续实施他的破纵连横之术。楚怀王在开始时虽然囚禁了张仪，但很快又被张仪给骗得心悦诚服，一塌糊涂。不仅如此，还将楚国国宝“鸡骇之犀”和“夜光之璧”送给了这个人面兽心的纵横家，让他转送秦王。

战国佚名著、西汉刘向辑《战国策·楚策·张仪为秦破从连横说楚王》这样记载：

> [楚王对张仪说：]“楚国僻陋，托东海之上。寡人年幼，不习国家之长计。今上客幸教以明制，寡人闻之，敬以国从。”乃遣使者百乘，献鸡骇之犀、夜光之璧于秦王。”
>
> ——战国佚名著、西汉刘向辑《战国策·楚策·张仪为秦破从连横说楚王》

最后，楚怀王还听信早已被张仪贿赂和蛊惑了的宠姬郑袖之言，将张仪放回了秦国。这可不啻是放虎归山！

屈原在使齐归来后，马上请求诛杀张仪。这时后悔放了张仪的楚怀王于是赶紧使人去追张仪，但已经来不及了。回到秦国的张仪又命令秦师伐楚，夺取了楚国的召陵。

在张仪的谋划下，楚国在楚秦三战中均遭惨败，从此走向没落的道路。

这里张仪以连横之术数番打击楚国，与他年轻时候被污蔑盗窃和氏璧并遭到楚国屈辱和虐待不无关联。

西汉司马迁著《史记·楚世家》记载这次楚怀王被骗的过程：

> [楚怀王]十八年,秦使使约復与楚亲,分汉中之半以和楚。楚王曰:"愿得张仪,不愿得地。"张仪闻之,请之楚。秦王曰:"楚且甘心於子,柰何?"张仪曰:"臣善其左右靳尚,靳尚又能得事於楚王幸姬郑袖,袖所言无不从者。且仪以前使负楚以商於之约,今秦楚大战,有恶,臣非面自谢楚不解。且大王在,楚不宜敢取仪。诚杀仪以便国,臣之愿也。"仪遂使楚。
>
> 至,怀王不见,因而囚张仪,欲杀之。仪私於靳尚,靳尚为请怀王曰:"拘张仪,秦王必怒。天下见楚无秦,必轻王矣。"又谓夫人郑袖曰:"秦王甚爱张仪,而王欲杀之,今将以上庸之地六县赂楚,以美人聘楚王,以宫中善歌者为之媵。楚王重地,秦女必贵,而夫人必斥矣。夫人不若言而出之。"郑袖卒言张仪於王而出之。仪出,怀王因善遇仪,仪因说楚王以叛从约而与秦合亲,约婚姻。张仪已去,屈原使从齐来,谏王曰:"何不诛张仪?"怀王悔,使人追仪,弗及。是岁,秦惠王卒。
>
> ——西汉司马迁著《史记·楚世家》

也是在楚怀王十八年,秦惠文王卒,其子秦武王立。

五、秦昭王三欺楚怀王,楚怀王客死于秦

秦武王于公元前311年秦惠文王死时继位,是秦惠文王的儿子,在位仅4年。西汉司马迁著《史记·秦本纪》和《史记·樗里子甘茂列传》对于秦武王一心想夺取周天子宝鼎有详细记载。如《史记·秦本纪》说:"武王谓甘茂[左丞相]曰:'寡人欲容车通三川,窥周室,死不恨矣!'"这是说,我想开凿一条通往周天子洛邑的道路,哪怕只能容许一辆车子通过也行,想看看周王室的都城和都城里的九鼎,哪怕就是死了也就没有什么好遗憾的。结果果然于公元前307年,在左丞相甘茂攻下通往洛邑的门户宜阳后,在周天子的陪同下观看了九鼎。面对长期梦寐以求、现在却是垂手可得的九鼎,秦武王有点得意忘形了,他居然当着周天子的面与自己的大力士属下孟贲比赛举鼎,结果发生意外,被自己已经举起的大鼎压死。

秦武王死后,继任的是秦武王的异母弟、秦国历史上赫赫有名的秦昭襄王。

秦昭襄王八年，即楚怀王三十年（前299），这一年是楚怀王的噩梦。秦国在攻占了楚国八座城池之后，秦昭襄王约楚怀王在武关会面。这种会面显然是个醉翁之意不在酒的鸿门宴，决然是杀机四伏。但楚怀王不听昭睢、屈原等大臣的劝告，决定前往武关，结果被秦国扣留。秦昭襄王胁迫怀王割地，怀王不肯。怀王在被扣留期间，楚人被迫立太子横为王，这就是楚顷襄王。公元前297年，楚怀王得间逃走，秦人封锁通往楚地的所有道路。楚怀王不得已逃到赵境，但赵国却不敢收留他，楚怀王只得往魏国逃跑，但被秦国追兵捉回。公元前296年，楚怀王在秦国病逝。

请看西汉司马迁著《史记·楚世家》所给出的绘声绘色的历史记载：

[楚怀王]三十年，秦復伐楚，取八城。秦昭王遗楚王书曰："始寡人与王约为弟兄，盟于黄棘，太子为质，至驩也。太子陵杀寡人之重臣，不谢而亡去，寡人诚不胜怒，使兵侵君王之边。今闻君王乃令太子质於齐以求平。寡人与楚接境壤界，故为婚姻，所从相亲久矣。而今秦楚不驩，则无以令诸侯。寡人愿与君王会武关，面相约，结盟而去，寡人之愿也。敢以闻下执事。"楚怀王见秦王书，患之。欲往，恐见欺；无往，恐秦怒。昭睢曰："王毋行，而发兵自守耳。秦虎狼，不可信，有并诸侯之心。"怀王子子兰劝王行，曰："柰何绝秦之驩心！"於是往会秦昭王。昭王诈令一将军伏兵武关，号为秦王。楚王至，则闭武关，遂与西至咸阳，朝章臺，如蕃臣，不与亢礼。楚怀王大怒，悔不用昭子言。秦因留楚王，要以割巫、黔中之郡。楚王欲盟，秦欲先得地。楚王怒曰："秦诈我而又彊要我以地！"不復许秦。秦因留之。

楚大臣患之，乃相与谋曰："吾王在秦不得还，要以割地，而太子为质於齐，齐、秦合谋，则楚无国矣。"乃欲立怀王子在国者。昭睢曰："王与太子俱困於诸侯，而今又倍王命而立其庶子，不宜。"乃诈赴於齐，齐湣王谓其相曰："不若留太子以求楚之淮北。"相曰："不可，郢中立王，是吾抱空质而行不义於天下也。"或曰："不然。郢中立王，因与其新王市曰'予我下东国，吾为王杀太子，不然，将与三国共立之'，然则东国必可得矣。"齐王卒用其相计而归楚太子。太子横至，立为王，是为顷襄王。乃告于秦曰："赖社稷神灵，国有王矣。"顷襄王横元年，秦要怀王不可得地，楚立王以应秦，秦昭王怒，发兵出武关攻楚，大败

楚军，斩首五万，取析十五城而去。二年，楚怀王亡逃归，秦觉之，遮楚道，怀王恐，乃从间道走赵以求归。赵主父在代，其子惠王初立，行王事，恐，不敢入楚王。楚王欲走魏，秦追至，遂与秦使复之秦。怀王遂发病。顷襄王三年，怀王卒于秦，秦归其丧于楚。楚人皆怜之，如悲亲戚。诸侯由是不直秦。秦楚绝。

——西汉司马迁著《史记·楚世家》

因此，楚国在楚威王时代丢失的不仅是和氏璧，还有随后楚国的国运。可以说，从和氏璧丢失的楚威王八年约公元前 332 年起一直到楚怀王被劫秦国、其子顷襄王即位时的楚怀王三十年(前 299)止，楚国兵挫地削，国王被劫，几乎没有一天安稳日子可言。由此也可见，和氏璧的威力之大和对于楚国国运的影响力之劲！但楚国丢失和氏璧之后的倒霉命运却不是到楚怀王三十年就告了一个段落了，更倒霉的日子还在后头呢！

屈原在《楚辞·九叹·怨思》诗中可谓仰天长叹："筐泽泻以豹鞹兮，破荆和以继筑。"将泽泻恶草盛于革囊，实在无益于用；将和氏之璧杵而舂之，败坏玉宝并失其好。诗人为着楚国命运奔走呼号，却遭奸佞迫害，只好眼睁睁地看着宝玉失散、家破国亡。

对于战国时代纵横家特别是张仪和苏秦等的外交游说，美国首席地缘政治学家、前国务卿基辛格博士十分仰慕。基辛格博士在 1954 年获授哈佛大学哲学博士学位时撰写了题为"Peace, legitimacy, and the equilibrium: A study of the statesmanship of Castlereagh and Metternich"("和平、法律与权力平衡：卡索里和梅特涅的领袖才华研究")的博士论文，其中就曾大量引用中国战国时期合纵连横两派的外交策略和战争手腕，特别是张仪和苏秦两师兄弟的连横合纵主张，以此来论述自己的地缘政治观念。基辛格博士引证的另外两位欧洲政治家是卡索里和梅特涅。卡索里(1769—1822)是英国政治家，任爱尔兰首席大臣时(1798—1801)平息了 1798 年的叛乱，并使爱尔兰和英国在 1800 年组成了一个政治联盟；另一位梅特涅(1773—1859)是奥地利政治家，帮助组织四方神圣同盟，最终打败法国皇帝拿破仑一世。这两位欧洲政治家与中国战国时期的张仪和苏秦如出一辙，都是最为经典的地缘政治学家。基辛格如此潜心研究，自然对于他以后周游于列国为了美国的全球利益而纵横捭阖是大有帮助的。

第十三章　赵宦官缪贤买赃，和氏之璧入赵

楚国昭阳丢失和氏璧大约发生在楚威王八年，即公元前 332 年。此后再被发现时，已经是赵惠文王十六年，即公元前 283 年，该年也是著名的“完璧归赵”故事发生的年代。“完璧归赵”是信史，被中国历史时期各个正史版本所记载，这是毋庸置疑的。那么，在中间的半个世纪时间里，和氏璧是如何从楚国来到赵国的？即和氏璧由楚入赵的时间和方式如何呢？我们能够看到的历史典籍又是如何记载的呢？

一、楚昭王大夫明光奉璧之赵

下面是新发现的关于和氏璧之赵的记载，但记载十分蹊跷。这里全文照录，以供读者体味。

东汉蔡邕《琴操·河间杂歌·楚明光》记载：

> 楚明光者，楚王大夫也。昭王得𪻐氏璧，欲以贡于赵王，于是遣明光奉璧之赵。郡中羊由甫知赵王反意，乃谗之于王曰：“明光常背楚用赵，今使奉璧，何能述功德？”及明光还，怒之，明光乃作歌曰《楚明光》。
>
> ——东汉·蔡邕著《琴操·河间杂歌·楚明光》

上文中的“𪻐”字就是古文的“和”字，因此“𪻐氏璧”就是指“和氏璧”。

东汉蔡邕所著的这篇《楚明光》文在历史上还挺有名气，后世诗文常常引述其名，或直指《楚明光》这一琴曲。如唐阎朝隐《明月歌》诗：“挥玉指，拂罗裳，为君一奏《楚明光》。”唐乔知之《倡女行》诗：“且歌新夜曲，莫奏《楚明光》。”明汤显祖《送来崇阳暂归广汉》诗：“摇落未须怜宋玉，蜀弦春拂《楚明光》。”南朝徐陵撰《玉台新咏·卷九》载南朝吴筠著《行路难二

首》诗二:“掩抑摧藏张女弹,殷勤促柱楚明光”。对于“楚明光”,清吴晃宜如此作注:“蔡邕《琴操》:‘楚明光者,楚王大夫也。昭王得和氏之璧,欲以贡于赵王,于是遣明光奉璧之赵。”

这里先翻译蔡邕的《楚明光》文。楚明光是楚昭王的大夫。楚昭王获得和氏璧,打算献给赵王,于是派明光捧璧到赵国去。郡中有个叫羊由甫的人,他知道赵王不想收璧并有返璧的意思,因而在昭王面前讲明光的坏话,说明光经常背叛楚国而效劳于赵国,如今派他捧璧,怎么能够陈述楚王您的功德? 待明光使赵回朝,昭王很不高兴。大夫明光觉得受了委屈,于是作了《楚明光》这首怨歌。

但是蔡邕《楚明光》文却非常不合逻辑,因此其有关楚昭王大夫明光奉璧之赵的记载不可信。具体论述理由如下:

(1) 赵国是楚惠王十四年(前475)三家分晋、中国历史进入战国时代才有,而且赵国直到楚声王五年(前403)才被周天子封侯,那么在楚昭王时代哪来的“赵王”;

(2)就当赵王为属于当时晋定公治下的三晋之一的赵国之王,而在楚昭王时期(前515—前489在位),楚国也是一代强国,也不必要人贡于这个三晋属下的赵国;

(3)楚昭王时期(前515—前489在位),楚昭王大约在公元前500年左右曾经派遣王孙圉出使晋国,晋定公的执政赵简子可是旁敲侧击地刺探过楚国的和氏之璧的,这在《国语》里是有记载的,前文已经分析过。如果说在这之后就有了楚昭王为了结好三晋下属的赵国而献璧的举动,那又与《新序·杂事一》所记秦孝公派遣使者访问楚国以观摩楚国和氏之璧的历史记载矛盾;

(4) 西汉刘向辑《新序·杂事一》明确记载,楚宣王时期,秦孝公派遣使者访问楚国以观摩楚国和氏之璧,这与楚昭王时期已经将和氏璧送给了赵王的说法明显矛盾;

(5)乐汉蔡邕《琴操》有关卞和三献的时代问题已是颠三倒四,逻辑不通,说明蔡邕此人作为文学家却并没有学术修养,因此他的记述并没有学术参考价值。

二、赵国大将李兑赐苏秦和氏璧

西汉刘向编《战国策·卷十八(赵策一)·苏秦说李兑》文记载了赵国大将李兑曾经将和氏璧赠予苏秦,以资助其西人秦国游说:

> 苏秦说李兑曰:"雒阳乘轩车苏秦,家贫亲老,无罢车驽马,桑轮蓬箧羸,负书担橐,触尘埃,蒙霜露,越漳、河,足重茧,日百而舍,造外阙,愿见于前,口道天下之事。"李兑曰:"先生以鬼之言见我则可,若以人之事,兑尽知之矣。"苏秦对曰:"臣固以鬼之言见君,非以人之言也。"李兑见之。苏秦曰:"今日臣之来也暮,后郭门,藉席无所得,寄宿人田中,傍有大丛。夜半,土梗与木梗斗曰:'汝不如我,我者乃土也。使我逢疾风淋雨,坏沮,乃复归土。今汝非木之根,则木之枝耳。汝逢疾风淋雨,漂入漳河,东流至海,氾滥无所止。'臣窃以为土梗胜也。今君杀主父而族之,君之立于天下,危于累卵。君听臣计则生,不听臣计则死。"李兑曰:"先生就舍,明日复来见兑也。"苏秦出。
>
> 李兑舍人谓李兑曰:"臣窃观君与苏公谈也,其辩过君,其博过君,君能听苏公之计乎?"李兑曰:"不能。"舍人曰:"君即不能,愿君坚塞两耳,无听其谈也。"明日复见,终日谈而去。舍人出送苏君,苏秦谓舍人曰:"昨日我谈粗而君动,今日精而君不动,何也?"舍人曰:"先生之计大而?高,吾君不能用也。乃我请君塞两耳,无听谈者。虽然,先生明日复来,吾请资先生厚用。"明日来,抵掌而谈。李兑送苏秦明月之珠、和氏之璧、黑貂之裘、黄金百镒。苏秦得以为用,西入于秦。
>
> ——战国佚名著、西汉刘向编《战国策·卷十八(赵策一)·苏秦说李兑》

南宋学者鲍彪作《战国策注》时,对此文有详细注解。鲍彪研究认为,苏秦早在公元前 317 年已经被杀,而赵惠文王时的司寇李兑是在赵主父于公元前 295 年被杀后才上台的,所以李兑不可能将和氏璧送予苏秦,尤其是为着苏秦到秦国求职之用的目的。

关于"明月之珠",鲍彪引东汉高诱和许慎著《淮南子·览冥训注》,认

为就是"隋侯珠";

关于"和氏之璧",鲍彪认为就是卞和所献楚文王的宝玉,并补充注释说:"赵得楚和氏璧,秦昭王欲以十五城易之。李兑所送必非。"为什么呢?鲍彪的《战国策注》作了如下补充说明:

> 苏秦之死在慎靓王四年(即公元前317,秦惠文王八年或楚怀王十二年),去主父见杀时(即前295)远甚。此策言杀主父事,非秦明矣。其代、厉与?首尾亦与《秦策·苏秦章》类,抑本秦言事,而剿入后事欤?土梗、木梗之喻,与《齐策·止田文说》同。彼亦秦死后事,而指为秦皆不合。太史公所谓异时事有类之者皆附之。苏秦其此类耶?
>
> ——南宋鲍彪著《战国策注》

关于苏秦之死的时代和缘由,北宋司马光著《资治通鉴·卷三》有这样的历史记载:

> 慎靓王四年(甲辰,公元前317年):齐大夫与苏秦争宠,使人刺秦,杀之。
>
> 慎靓王五年(乙巳,公元前316年):苏秦既死,秦弟代、厉亦以游说显于诸侯。
>
> ——北宋司马光著《资治通鉴·卷三》

鉴于上述,笔者非常认同鲍彪的学术观点,即《战国策·卷十八(赵策一)·苏秦说李兑》关于赵国大将李兑曾经将和氏璧赠予苏秦、以资助其西入秦国游说的记载是错误的,是经不起检验的。

三、楚求婚于赵,以璧纳聘,故称赵璧

北宋宋太宗时学者郑文宝在其所著的《传国玺谱》中认为"楚求婚于赵,以璧纳聘",于是将和氏璧送给赵国作为聘礼:

国玺者，本卞和所献之璞，琢而成璧。楚求婚于赵，以璧纳聘，故称赵璧。而秦昭王请以十五城易之，赵使蔺相如送璧于秦，秦纳璧而吝城，相如乃诡而夺，致秦始皇并六国时，独有天下，乃命李斯篆书，诏工人孙寿，用是璧为之。一云用蓝田玉作之。其篆文云："受命于天，既寿永昌。"

——北宋郑文宝著《传国玺谱》

此外，元末学者陶宗仪在《南村辍耕录》中讲到元初御史杨桓曾经考证过"传国玺"，认为"楚以卞和所献之璞琢成璧后，求婚于赵以纳聘焉。"

古礼的确有婚聘以璧的记载，比如《周礼》说："谷璧以和难，以聘女。"王根元等(1997)基于楚、赵之间并没有任何王室婚姻历史记录的认识，认为郑文宝的说法并没有实质的支持证据。

但甘肃博物馆的祝中熹(2005)基于赵惠文王时代的列国形势和楚、赵之间的密切关系，认为婚聘之说可信。

栾秉璈(1983，2008)在《和氏璧失传之谜》著作中也认为和氏璧作为楚赵联姻的聘礼送给赵国的。栾秉璈(2008)这样说："楚顷襄王在大臣们的建议下，决定向赵惠文王求援，赵惠文王拒不发兵。——楚顷襄王没有办法，只好将和氏璧作为聘礼，向赵国求婚。"栾秉璈先生写得有鼻子有眼的，可惜一条支持的文献证据也没有列出来。

笔者认为，北宋郑文宝的《传国玺谱》没有总结以前关于和氏璧的历史文献记载，没有给出支持其和氏璧之赵系楚赵婚聘产物的观点的证据来，因此郑文宝的观点缺少学术价值。而且，郑文宝认为传国玺琢自和氏璧，这一点在笔者的前文中已遭彻底否定。不仅如此，郑文宝在《传国玺谱》中还不加区分地罗列蓝田玉材质版本的传国玺与和氏璧材质版本的传国玺两种不同观点。所有这些，都使得《传国玺谱》的学术价值大打折扣。

四、楚怀王携璧亡赵时作为见面礼

现代学者王根元等(1997)在《珠宝名品历史鉴赏》书中认为和氏璧系楚怀王得间逃离秦国前往赵国避难时赠送给赵国的，该观点可谓有点新意。

但考虑到楚威王时代和氏璧已经赏赐给了相国昭阳,因此在楚威王之后楚怀王再携璧使秦的说法是难以成立。况且,楚怀王避难于赵是在逃离秦国的情况下成行的,而逃难时适值赵惠文王初立,赵国因为惧怕强秦而没有收留楚怀王。在此种情形下去设想和氏璧入赵,实在太过牵强附会。

五、赵宦官缪贤买赃,和氏之璧入赵

明余邵鱼《列国志传》、明冯梦龙《新列国志》及清蔡元放《东周列国志》(或者署名明余邵鱼、冯梦龙和清蔡元放等著《东周列国志》)和清人杨景淐《鬼谷四友志》等著作则提出,赵国宦者令缪贤的门客以五百金从盗者处获得和氏璧。笔者认为,这一观点不仅合情合理,也非常合乎逻辑。

下面详细摘录明余邵鱼、冯梦龙和清蔡元放等的《东周列国志》著作片段和清人杨景淐《鬼谷四友志》著作片段,来说明上述作者的观点。

明余邵鱼《列国志传》、明冯梦龙《新列国志》和清蔡元放《东周列国志》的组合作品名为《东周列国志》,联合署名作为明余邵鱼、冯梦龙和清蔡元放,该书第九十六回为"蔺相如两屈秦王,马服君单解韩国",其中这样记载:

> 却说赵惠文王宠用一个内侍,姓缪名贤,官拜宦者令,颇干预政事。忽一日,有外客以白璧来求售,缪贤爱其玉色光润无瑕,以五百金得之,以示玉工。玉工大惊曰:"此真和氏之璧也!楚相昭阳因宴会偶失此璧,疑张仪偷盗,捶之几死,张仪以此入秦。后昭阳悬千金之赏,购求此璧,盗者不敢出献,竟不可得。今日无意中落于君手,此乃无价之宝,须世袭珍藏,不可轻示于人也。"缪贤曰:"虽然,良玉何以遂为无价?"玉工曰:"此玉置暗处,自然有光,能却尘埃,辟邪魅,名曰'夜光之璧'。若置之座间,冬月则暖,可以代炉;夏月则凉,百步之内,蝇蚋不入。有此数般奇异,他玉不及,所以为至宝。"缪贤试之,果然。乃制为宝椟,藏于内笥。
>
> 早有人报知赵王,言:"缪中侍得和氏璧。"赵王问缪贤取之,贤爱璧不即献。赵王怒,因出猎之便,突入贤家,搜其室,得宝椟,收之以

去。缪贤恐赵王治罪诛之，欲出走。其舍人蔺相如牵衣问曰："君今何往？"贤曰："吾将奔燕。"相什袭：重重包裹。

如曰："君何以受知于燕王，而轻身往投也？"缪贤曰："吾昔年尝从大王与燕王相会于境上，燕王私握吾手曰：'愿与君结交。'以此相知，故欲往。"相如谏曰："君误矣！夫赵强而燕弱，而君得宠于赵王，故燕王欲与君结交。非厚君也，因君以厚于赵王也。今君得罪于王，亡命走燕，燕畏赵王之讨，必将束缚君以媚于赵王，君其危矣。"缪贤曰："然则如何？"相如曰："君无他大罪，惟不早献璧耳！若肉袒负斧锧，叩首请罪，王必赦君。"缪贤从其计，赵王果赦贤不诛。贤重相如之智，以为上客。

——第九十六回"蔺相如两屈秦王，马服君单解韩国"
明余邵鱼、冯梦龙和清蔡元放著《东周列国志》

清杨景滘著《鬼谷四友志・卷之二下》的记载如下：

原来那璧却被他人所盗，后昭阳悬千金之赏，购求此璧。盗者不敢出献，乃怀之入赵，得五百金货于赵惠文王内侍缪贤，其璧遂入于赵。

——清杨景滘著《鬼谷四友志・卷之二下》

由上述记载我们知道，赵国宦者令缪贤的门客通过买赃的方式偶然得到了楚国昭阳府中神秘失窃的和氏璧，和氏璧在历史上失踪半个世纪之后又重出江湖，进入了赵国。

但和氏璧入赵首先造成了赵国宦臣令缪贤与赵惠文王之间的紧张关系，幸得时为赵国宦官缪贤舍人的蔺相如的帮助，因为和氏璧所产生的君臣隔阂才成功地得以消除。

从此，在和氏璧历史传承的轨迹上，又出现了一个响当当的名字，这就是蔺相如。而蔺相如又与象征中国传统文化美德的"完璧归赵"成语紧密地联系在一起。下文将要详细叙述"完璧归赵"。

六、和氏璧由楚入赵的时间和方式研究小结

综上言之,所谓明光之说、李兑之说、婚嫁之说和怀王亡赵赠璧之说都不能说明和氏璧由楚入赵,因此都不能成立,而缪贤买赃之说是有证据、有逻辑也有历史事实予以支持,因此是可以接受的观点。笔者的理由有如下述:

(1) 蔺相如完璧归赵是任何史家都无法否认的千古绝唱,是无可辩驳的历史事实,是以下一切论辩的基础和出发点;

(2) 蔺相如是赵国宦官缪贤的舍人,他的出道和为赵惠文王所赏识也在于帮助缪贤正确处理与赵惠文王因为和氏璧所产生的君臣隔阂;

(3)蔺相如能够担任使秦的特命全权大使,是离不开缪贤的推荐的,而这显然与缪贤和赵王之间发生的和氏璧事件有关;

(4)"完璧归赵"外交事件的主角就是当时赵国的和氏璧,结果是蔺相如处理得有声有色,非常成功,与之前处理缪贤与赵王之间发生的和氏璧争执事件前后相接,一气呵成,构成一个完整的证据链条;

(5)和氏璧的价值当远远不止赵惠文王内侍缪贤从盗者处购璧所用的五百金,也绝非就是昭阳用以追回失璧而悬赏的千金。事实上,后世的历史记载表明,和氏璧在战国当时的价值已逾万金!此事见之于南朝宋人裴松之在给西晋陈寿所著《三国志》作注时,引述三国曹魏人鱼豢所著《魏略》的说法。鱼豢著《魏略》的记载如下:

> 后太祖征汉中,太子在孟津,闻繇有玉玦,欲得之而难公言。密使临菑侯转因人说之,繇即送之。太子与繇书曰:"夫玉以比德君子,见美诗人。晋之垂棘、鲁之玙璠、宋之结绿,楚之和璞,价越万金,贵重都城,有称畴昔,流声将来。是以垂棘出晋,虞、虢双禽;和氏璧入秦,相如抗节。"
>
> ——三国·魏鱼豢著《魏略》
>
> 南朝裴松之《三国志注》转引

无论如何,和氏璧入赵并没有给赵国带来好运,反而首先带来的是赵国君臣之间的猜忌,接着便是秦国的虎视眈眈和赵国的兵燹连年。

第十四章　蔺相如完璧归赵，将相数拒强秦

和氏璧流入赵国，于是成了赵国的国宝。但赵国在战国七雄之中却不是最有实力的国家。和氏璧入赵，能给赵国带来好运吗？答案是否定的。

一直觊觎楚国和氏璧的秦昭襄王闻听和氏璧入赵，便立刻对赵国展开了一系列政治、军事和心理攻势，必欲得之而后快。从此，赵国代替楚国成了秦国觊觎和抢夺超级国宝——和氏璧的进攻对象。但由于赵国尚有能人敢于面对强秦，并且能够运用其外交智慧制衡秦国，在战国时期各大诸侯国的夹缝中，赵国算是勉强其在战国群雄中的威信和地位。尽管这种外交智慧的效果是勉强的和短暂的，但是从中延伸出来的“完璧归赵”故事却因此而成为天下美谈，成了一个国家不畏强权、威武不屈的意志体现，也成了一个民族值得向世人夸耀的一种美德。赵国使者蔺相如因为不辱使命和成功斡旋，也因此而成为一位举世闻名的、功勋卓著的外交家，后世之人对此也大多有褒扬之声。

一、完璧归赵的历史记载

“完璧归赵”是千古流传、家喻户晓的成语故事，已经成为中华民族优秀美德的代名词。故事在西汉司马迁著《史记·卷八十一·廉颇蔺相如列传第二十一》中有详细记载，兹录于下：

(赵惠文王十六年，公元前 283 年)赵惠文王(公元前 298—前 266 年在位)时，得楚和氏璧。秦昭王(即秦昭襄王，公元前 306—前 251 年在位，秦武王之异母弟)闻之，使人遗赵王书，愿以十五城请易璧。赵王与大将军廉颇诸大臣谋：欲予秦，秦城恐不可得，徒见欺；欲勿予，即患秦兵之来。计未定，求人可使报秦者，未得。宦者令缪贤

曰:“臣舍人蔺相如可使。”

……

于是王召见,问蔺相如曰:“秦王以十五城请易寡人之璧,可予否?”相如曰:“秦强而赵弱,不可不许。”王曰:“取吾璧,不予我城,奈何?”相如曰:“秦以城求璧而赵不许,曲在赵。赵予璧而秦不予赵城,曲在秦。均之二策,宁许以负秦曲。”王曰:“谁可使者?”相如曰:“王必无人,臣愿奉璧往使。城入赵而璧留秦;城不入,臣请完璧归赵。”赵王于是遂遣相如奉璧西入秦。

秦王坐章台见相如,相如奉璧奏秦王。秦王大喜,传以示美人及左右,左右皆呼万岁。相如视秦王无意偿赵城,乃前曰:“璧有瑕,请指示王。”王授璧,相如因持璧却立,倚柱,怒发上冲冠,谓秦王曰:“大王欲得璧,使人发书至赵王,赵王悉召群臣议,皆曰‘秦贪,负其强,以空言求璧,偿城恐不可得’。议不欲予秦璧。臣以为布衣之交尚不相欺,况大国乎?且以一璧之故逆强秦之欢,不可。于是赵王乃斋戒五日,使臣奉璧,拜送书于庭。何者?严大国之威以修敬也。今臣至,大王见臣列观,礼节甚倨。得璧,传之美人,以戏弄臣。臣观大王无意偿赵王城邑,故臣复取璧。大王必欲急臣,臣头今与璧俱碎于柱矣!”相如持其璧睨柱,欲以击柱。秦王恐其破璧,乃辞谢,固请,召有司案图,指从此以往十五都予赵。相如度秦王特以诈佯为予赵城,实不可得,乃谓秦王曰:“和氏璧,天下所共传宝也,赵王恐,不敢不献。赵王送璧时,斋戒五日,今大王亦宜斋戒五日,设九宾于廷,臣乃敢上璧。”秦王度之,终不可强夺,遂许斋五日,舍相如广成传。相如度秦王虽斋,决负约不偿城,乃使其从者衣褐,怀其璧,从径道亡,归璧于赵。

秦王斋五日径,乃设九宾礼于廷,引赵使者蔺相如。相如至,谓秦王曰:“秦自穆公以来二十余君,未尝有坚明约束者也。臣诚恐见欺于王而负赵,故令人持璧归,间至赵矣。且秦强而赵弱,大王遣卜介之使至赵,赵立奉璧来。今以秦之强而先割十五都予赵,赵岂敢留璧而得罪于大王乎?臣知欺大王之罪当诛,臣请就汤镬,唯大王与群臣孰计议之。”秦王与群臣相视而嘻。左右或欲引相如去,秦王因曰:

"今杀相如，终不能得璧也，而绝秦赵之欢，不如因而厚遇之，使归赵，赵王岂以一璧之故欺秦邪！"卒廷见相如，毕礼而归之。

相如既归，赵王以为贤大夫，使不辱于诸侯，拜相如为上大夫。秦亦不以城予赵，赵亦终不予秦璧。

——西汉司马迁著《史记·卷八十一·廉颇蔺相如列传第二十一》

北宋史学家司马光著《资治通鉴·卷第四》也有对于完璧归赵的记载。

明汤显祖著《送宜黄令武昌赵明府觐并怀解元令侄》诗"为报楚山和氏璧，偿城可惜美人传"，说的就是完璧归赵的故事。

明嘉靖时散文家茅坤著《史记钞·卷四九》认为《史记·廉颇蔺相如列传》记载了赵国的兴亡历史："两人为一传，中复附赵奢，已而复缀李牧，合为四人传，须详太史公此四人线索，才知赵之兴亡矣。"

明余邵鱼《列国志传》、明冯梦龙《新列国志》）及清蔡元放合著的《东周列国志》对于秦国谋夺赵国和氏璧和赵国使者完璧归赵的具体过程也有详细描述。请看这些作者联合署名的《东周列国志·第九十六回》"蔺相如两屈秦王　马服君单解韩国"中的三个精彩片段，说明秦昭襄王如何与国相——舅舅魏冉策划十五城易璧的过程、秦昭襄王和美人观赏和氏璧卓越绝伦的闪烁宝光和九宾之礼中诸侯使者共观受璧的场面：

再说玉工偶至秦国，秦昭襄王使之治玉，玉工因言及和氏之璧，今归于赵。秦王问："此璧有甚好处？"玉工如前夸奖。秦王想慕之甚，思欲一见其璧。时昭襄王之母舅魏冉为丞相，进曰："王欲见和璧，何不以酉阳（春云按：可能应为西阳！）十五城易之？"秦王讶曰："十五城，寡人所惜也，奈何易一璧哉？"魏冉曰："赵之畏秦久矣！大王若以城易璧，赵不敢不以璧来，来则留之。是易城者名也，得璧者实也。王何患失城乎？"

……秦昭襄王闻璧至，大喜，坐章台之上，大集群臣，宣相如入见。相如留下宝椟，只用锦袱包裹，两手捧定，再拜奉上秦王。秦王展开锦袱观看，但见纯白无瑕，宝光闪烁，雕镂之处，天成无迹，真稀世之珍矣。秦王饱看了一回，啧啧叹息。因付左右群臣递相传示，群

> 臣看毕，皆罗拜称"万岁"。秦王命内侍重将锦袱包裹，传与后宫美人玩之，良久送出，仍归秦王案上。
>
> ……再说秦王假说斋戒，实未必然，过五日。升殿陈设礼物，令诸侯使者皆会，共观受璧，欲以夸示列国。使赞礼引赵国使臣上殿。
>
> ——《东周列国志·第九十六回·蔺相如两屈秦王 马服君单解韩国》
>
> 明余邵鱼、冯梦龙和清蔡元放合著

清代学者杨景湄著《鬼谷四友记》对于完璧归赵的史实也有简短记述：

> 时秦昭襄王闻玉工言，遂命客卿胡伤诈以西阳十五城，易赵之所得和璧。赵王使蔺相如赍璧入秦相易，秦王不言易城之事，相如乃使从人从间道完璧归赵。故后人又称为"赵氏连城之璧"，以其价值连城耳。有诗为证：
>
> 赵氏连城璧，由来天下传。
>
> 送君还旧府，明月满前川。
>
> ——清杨景湄著《鬼谷四友记》

值得一提的是，完璧归赵故事发生的时间是在赵惠文王十六年(前283年)，赵国获得和氏璧可能就在该年早些时候。这在北宋司马光所著《资治通鉴》中写得很清楚。但当代学者王根元等(1997)却将完璧归赵时间定为赵惠文王十七年(前282)，显见是一种误读。

西汉时期司马迁著述的《史记·廉颇蔺相如列传》长期以来一直入选中国教育部规定的高中语文必修课程，在高中语文学生教材的不同版本和对应的教师教学参考书中都有收录，如人教版(人民教育出版社出版)、苏教版(江苏教育出版社出版)、粤教版(广东教育出版社出版)、语文版(教育部语文出版社教材研究中心教材编，语文出版社出版)、鲁教版(山东教育出版社出版)、沪教版(上海教育出版社出版)、浙教版(浙江教育出版社出版)等。此外，《史记·廉颇蔺相如列传》也长期入选香港地区、澳门地区和台湾的中小学中国语文科目。这些使得完璧归赵历史事件对全球华人而言是家喻户晓，尽人皆知。

二、完璧归赵历史事件不存在吗？

在司马迁的巨著《史记》中，完璧归赵历史事件已经成为公认的铁板砧砧的信史。可是，文史学者王贵生2004年、2005年在《上海石报》连续发表文章"浅谈和氏璧"（王贵生，2004）、"历史上没有和氏璧"（王贵生，2005），否定历史上和氏璧的存在。此君一个附带的断言是：秦赵两国争夺和氏璧的依据不足，而"完璧归赵"可能系杜撰。什么理由呢？在王贵生看来，是因为《战国策》里没有记载"完璧归赵"的故事，也没有记载秦昭王和赵惠文王渑池会的故事。而且，《战国策·赵一》中"苏秦说李兑"说到赵国大将李兑已经将和氏之璧送给了谋士苏秦，而此事早于"完璧归赵"的故事。

著文否定和氏璧历史存在的学者靳文华（2003）也基本持同样看法，因为靳文华认为，《韩非子》关于和氏璧的记载可能是寓言，而司马迁写《史记》时"既到处采访，又参考了诸子之书，遂信手将其附会于著作中"。文章暗示"完璧归赵"也系杜撰。

在本著第十三章中笔者已经详细分析了《战国策·赵一》关于"苏秦说李兑"的文章，引用南宋学者鲍彪《战国策注》的学术观点彻底否定了李兑将和氏之璧送给谋士苏秦的说法。至于说《战国策》没有记载"完璧归赵"故事就下结论说"完璧归赵"历史事件系显示无根无据的武断推理，因为《战国策》没有记载的历史事件多了，难道都是伪造？

此外，研究和氏璧材质的当代学者，如认为和氏璧材质为拉长石、月光石、绿松石、碧玉、软玉、蓝田玉、蛋白石、南阳石、冰洲石、三峡奇石说、翡翠砾石、玛瑙、基性超基性岩石、发光玉石、青金石的学者，如持蛋白石观点的叶寅生（2008）等，他们大都故意回避"完璧归赵"这一历史事件，因为正是在"完璧归赵"历史事件中，和氏璧体现出了连城的高价，而上述玉石材料则无一具备这样的价值。详见拙著《破解国魂和氏璧之谜（宝玉篇）》（王春云，2010）。

18世纪英国杰出的历史学家大卫·休谟提出了理性思维的总原则，即著名的"休谟公理（Hume axiom）"，中心思想是"没有任何证言足以确定一个神迹，除非该证言属于这样的情形，其虚假比它力图确立的事实更

为神奇”，简而言之，就是“非同寻常的声明需要非常确凿的证据”(Hume，1748，1779)。要否定“完璧归赵”的史实得拿出非同寻常的确凿证据来，而我们看到，上述持否定观点的作者迄今为止还提不出这样的证据来。

笔者认为，完璧归赵历史事件的真实性是毋庸置疑的，不仅是因为“完璧归赵”现在已经成为人们耳熟能详的成语，成为中华民族千古传诵的美德，而且因为“完璧归赵”事件与蔺相如在赵国政坛脱颖而出的历史命运以及与渑池之会、将相和、长平之战、邯郸首围等系列历史事件形成了完整的证据链条，这些证据相互之间互相支持、互相补充、互为因果、互相连接，构成了一曲波澜壮阔的秦赵战争历史。本著在接下来的几个章节中还将就这个证据链条中的其他一些环节展开详细论证。

三、完璧归赵事件的历史评价

通过蔺相如首次出访秦国这一外交事件，“完璧归赵”从此成为天下美谈，成了中华民族值得向世人夸耀的一种美德，蔺相如也因此成为一位举世闻名的、成功的外交家，后世之人大多有褒扬之声。

明余邵鱼、冯梦龙和清蔡元放等对蔺相如完璧归赵拍案击节、赞赏有加：

> 髯翁读史至此，论秦人攻城取邑，列国无可奈何，一璧何足为重？相如之意，只恐被秦王欺赵得璧，便小觑了赵国，将来难以立国。倘索地索贡，不可复拒，故于此显个力量，使秦王知赵国之有人也。
>
> ——明余邵鱼、冯梦龙和清蔡元放合著《东周列国志》

清嘉庆时学者李晚芳著《读史管见·卷二·廉蔺列传》也热情洋溢地赞美了蔺相如：“篇中写相如智勇，纯是道理烂熟胸中，其揣量秦王情事，无不切中者，理也。措辞以当秦王，令其无可置喙者，亦理也。卒礼而归之，非前倨而后恭，实理顺而人服耳。观其写持璧睨柱处，须眉毕动；进缶叱左右处，声色如生。奇事编得奇文以传之，遂成一段奇话，琅琅于汗青糜间，千古凛凛。”

的确，蔺相如在“完璧归赵”中表现出来的胆识、才华和忠心广受后世

赞扬,即使到了今天,人们仍然由衷地赞美蔺相如这个历史人物,比如享邑(1978)、王焕斗(1981)、刘志安(1995)、刘合心(2006)、傅剑仁(2006)、网友沧海笑书生(2006)、云淡风清(2006)、刘合心(2006)、乐帧益(2008)、张连法(2009)、叶芝德(2009)、韦婕(2009)、龙雪英和尹安玲(2009)、刘祥(2010)等。

但是,笔者在这里要特别一提的是曹魏时期魏文帝曹丕对于蔺相如的负面评论。曹丕在《与钟大理书》(南朝·梁萧统撰、唐李善注《文选·卷第四十一·书上》时有引述)中指出"蔺生诡夺之诳"。魏文帝曹丕在该书中认为,在"秦昭章台之观"中,蔺相如展现了"诡夺之诳",这是说蔺相如是通过巧要聪明才得以最终完璧归赵的。曹丕用语带有贬义。

明代学者王世贞著有《蔺相如完璧归赵论》,该文收录在清人吴楚材和吴调侯编选的《古文观止》中。对于完璧归赵这一历史事件,王世贞也是从负面角度来展开评述的。王世贞直截了当地指出蔺相如在完璧归赵事件中有失礼之处,导致秦赵两国发生有关和氏璧的外交纠纷的过错出在赵国一方。他分析认为,蔺相如完璧归赵如果是在秦王行九宾大礼之后、秦王违约不给城池时发生,蔺相如就会很完美;但事实是,蔺相如在秦王行九宾大礼之前就使舍人怀璧而逃,则此次外交纠纷就不能归直于秦了。在这个错在赵国的事件中,蔺相如完璧归赵还能保全性命,王世贞认为,"蔺相如之获全于璧也,天也。"王世贞著《蔺相如完璧归赵论》摘录如下:

蔺相如之完璧,人皆称之,予未敢以为信也。

夫秦以十五城之空名,诈赵而胁其璧。是时言取璧者,情也,非欲以窥赵也。赵得其情则弗予,不得其情则予;得其情而畏之则予,得其情而弗畏之则弗予;此两言决耳,奈之何既畏而复挑其怒也?

且夫秦欲璧,赵弗予璧,两无所曲直也。入璧而秦弗予城,曲在秦;秦出城而璧归,曲在赵。欲使曲在秦,则莫如弃璧;畏弃璧,则莫如弗予。夫秦王既按图以予城,又设九宾,斋而受璧,其势不得不予城。璧入而城弗予,相如则前请曰:"臣固知大王之弗予城也。夫璧,非赵宝也;而十五城,秦宝也。今使大王以璧故而亡其十五城,十五城之子弟,皆厚怨大王以弃我如草芥也。大王弗予城,而绐赵璧,以

一璧故而失信于天下;臣请就死于国,以明大王之失信。”秦王未必不返璧也。今奈何使舍人怀而逃之,而归直于秦?是时秦意未欲与赵绝耳。令秦王怒,而缪相如于市,武安君十万众压邯郸,而责璧与信,一胜而相如族,再胜而璧终入秦矣!

吾故曰:“蔺相如之获全于璧也,天也。”若而劲渑池,柔廉颇,则愈出而愈妙于用;所以能完赵者,天固曲全之哉!

——明王世贞著《蔺相如完璧归赵论》

王世贞对蔺相如在完璧归赵中存在过失的观点为不少当代学者所支持。如网友小猪笨笨(2005)在侃“完璧归赵”时,认为“蔺相如自相矛盾的做法的确很不可取”;网友碎颜(2006)直白表示:“大家看过完璧归赵的故事吧,本人很反对蔺相如”,同时认为:“蔺相如之能不过完璧归赵与令秦王击缶,做个外交大臣足矣。挂一国相印,是小材大用了。如此用才,其人虽贤亦误国。由此可见,选才难,用才更难。”网友王仝(2006)在“再论蔺相如完璧归赵”文章中认为:“悦王者不以珠玉之美,却敌国不以威武之盛,服百姓不以机变之巧。施政为公,理也;广布仁善,义也;理义全则势之极矣。呜呼!以独夫逸,营天下危,在人为无行,在己为不义!吾义固不取也。”蔡燕敏(2007)对蔺相如外交行为的利弊进行了全面分析;网友张心怡(2008)则从若干方面批评了蔺相如,认为蔺相如不当的外交行为导致了赵国有负秦王的“九宾之礼”;网友不敢妄言(2009)在新浪博客和《山东商报》上发表文章,质疑蔺相如“完璧归赵”对于秦赵关系发展所起的正面历史意义;《共产党员》编辑部(2009)甚至发文,指责“蔺相如”或为“空谈误国之人”;张涛之(2009a, 2009b)更是直言:“蔺相如,盛名之下,其实难副。”

当然,王世贞批评蔺相如在完璧归赵中过失的论点也遭到了不少当代学者的反驳,如网友小猪笨笨(2005)、袁娇娇(2006a, 1006b)、沧海笑书生(2006)、云淡风清(2006)、杨永红和侯武忠(2007)、北溟鱼(2008)等。例如,网友云淡风清(2006)发表“蔺相如完璧归赵再论”,认为“人皆称相如之完璧归赵,信也”,同时主张“蔺相如之完璧归赵,乃其大智大勇之功,而非天也”。

四、完璧归赵可怕的政治后果

“完璧归赵”固然是天下美谈，是美德，是佳话，但大家可千万别忘了“完璧归赵”外交事件所产生的副作用，因为“完璧归赵”让雄居战国七雄之首的秦国的国王在“九宾之礼”中，在列国诸侯使节面前，受到了前所未有的羞辱。

完璧归赵外交事件发生之后，恼羞成怒的秦国自然要报复赵国。果然，在公元前282年到公元前280年，秦国连续三年出兵讨伐赵国。西汉司马迁著《史记·卷八十一》记载：“其后（前282），秦伐赵，拔石城；”“明年（前281），复攻赵，杀二万人。”实际上，公元前280年，秦将白起攻赵，取光狼城（今山西高平西）。至于公元前279年发生的秦赵渑池之会，实际上是秦国实行远交近攻战略时所采用的缓兵之计，目的是暂时稳住赵国，以便放手攻伐楚国。

有关完璧归赵后秦赵之间的战争，请参见表14－1：

有鉴于此，笔者以为，“完璧归赵”毕竟是弱国面对强国所采取的智慧外交的行为，其对于弱国的政治后果其实是十分可怕的。当世人们对此应该有着清醒的认识，而不要一味地沉醉于“完璧归赵”所体现的暂时的胜利之中。

对于三国时期曹丕和明代王世贞关于蔺相如在完璧归赵事件中有失礼之处的观点，笔者非常赞赏。

笔者认为蔺相如在完璧归赵外交事件中虽然大智大勇，英明神武，但作为弱国的外交官，的确有失礼行为。蔺相如先是强求秦昭襄王要行九宾大礼才能交回和氏璧，接着在秦昭襄王斋戒准备实行九宾大礼的期间使舍人怀璧而逃，最后导致秦昭襄王在实行九宾大礼时在列国诸侯的使节面前蒙羞，这是非常严重的外交失礼行为。这种外交失礼给了秦国出兵攻伐赵国的口实。因此可以这么说，完璧归赵看似是赵国的胜利，实际上给赵国埋下了无尽的战争祸患。此后连绵不断的秦赵战争，可以说都与秦国力图争夺赵国和氏璧有关，如此则蔺相如难辞其咎。

从另一个角度来看，完璧归赵后赵国不得不起而应付如此多的残酷无情的战争，不得不承受这些战争带来的军民伤亡和国土沦丧的后果，蔺

表 14－1　完璧归赵及之后秦赵战事发生年表

公元纪年	年代	秦赵战事
公元前 283	赵惠文王十六年	西汉司马迁《史记·廉颇蔺相如列传》："赵惠文王时，得楚和氏璧。" 西汉司马迁《史记·廉颇蔺相如列传》："秦昭王闻之，使人遗赵王书，愿以十五城请易璧。赵王与大将军廉颇诸大臣谋：欲予秦，秦城恐不可得，徒见欺；欲勿予，即患秦兵之来。计未定，求人可使报秦者，未得。宦者令缪贤曰：'臣舍人蔺相如可使。'"
公元前 282	赵惠文王十七年	司马迁《史记》："其后秦伐赵，拔石城。"赵之蔺（今山西离石西，靠近山西中阳）、祁（今山西祁县东南，靠近山西中阳）被秦抢占。
公元前 281	赵惠文王十八年	司马迁《史记》："明年，复攻赵，杀二万人。"
公元前 280	赵惠文王十九年	白起攻赵，取光狼城（今山西高平西）
公元前 279	赵惠文王二十年	秦赵渑池会，赵王以蔺相如功大，拜为上卿
公元前 274	赵惠文王二十五年	赵国与魏国合兵击秦，但为秦将白起所败，白起破赵华阳，得一将军
公元前 270	赵惠文王二十九年	秦围赵国阏与。赵王使赵奢将，击秦，大破秦军于阏与。赵奢因此被赵王赐号"马服君"
公元前 266	赵惠文王三十三年	赵惠文王卒，太子丹立，是为赵孝成王
公元前 265	赵孝成王元年	赵孝成王元年，秦伐赵，拔三城
公元前 260	赵孝成王六年	秦国进攻赵国长平，先是廉颇御敌，后廉颇兵权被削，赵括取代廉颇；白起杀赵括，并尽杀赵军降卒四十五万
公元前 259	赵孝成王七年	秦初围邯郸，随后莫名其妙撤军
公元前 258	赵孝成王八年	秦再围邯郸，楚、魏来救
公元前 257	赵孝成王九年	秦王质子子楚与吕不韦于是年亡赴秦军；邯郸之围解除

相如在赵国的政敌也有可能以此作为攻讦他的口实。也就是说，蔺相如本人在赵国也不得不承受由于完璧归赵而带来的无尽的政治压力。

太史公对于蔺相如在完璧归赵、渑池之会和将相和好之后的命运只有非常简单的一处记载。西汉司马迁在《史记·廉颇蔺相如列传》中提到：

> (赵孝成王)七年，秦与赵兵相距长平，时赵奢已死，而蔺相如病笃，赵使廉颇将攻秦，秦数败赵军，赵军固壁不战。秦数挑战，廉颇不肯。赵王信秦之间。
>
> ——西汉司马迁著《史记·廉颇蔺相如列传》

这就是《史记》对蔺相如命运的最后记载了。人们不禁疑惑：太史公对一代名相的记载虎头蛇尾，是出于史家疏忽？还是事出无奈？

有关蔺相如在完璧归赵后的命运如何，笔者将在第十五章和第十六章中详细分析。

五、渑池之会与和氏璧的继续争夺

在秦昭襄王三次发兵攻赵(前282年、前281、前280)、赵国虽然失利但仍不屈服的情况下，秦国又开始展开对赵的政治与外交方面的斗争了。赵惠文王二十年(前279)，秦昭王想和赵国讲和，以便集中力量攻击楚国，于是派使者到赵国，约赵王在西河外的渑池(今河南渑池县境内)见面，表面上是互修友好。鉴于公元前299年秦昭王在武关扣留楚怀王的危险先例，赵王对这个背信弃义、置诸侯外交礼仪于不顾的秦昭王当然害怕，于是想不去赴会，但经与大将军廉颇和上大夫蔺相如商议，最后在作出周密的军事和外交部署后、由大智大勇的蔺相如陪同一起前往秦国渑池，会见秦昭王。廉颇则在边境上布置了大量的军队，以防备秦国可能发动的进攻。至于蔺相如，他则在渑池之会中则充分运用他的外交智慧，尽力维护赵国的尊严。

对于渑池之会，西汉司马迁著《史记·廉颇蔺相如列传》有这样的记载：

(赵惠文王二十年,公元前279年)秦王使使者告赵王,欲与王为好会於西河外渑池。赵王畏秦,欲毋行。廉颇、蔺相如计曰:“王不行,示赵弱且怯也。”赵王遂行,相如从。廉颇送至境,与王诀曰:“王行,度道里会遇之礼毕,还,不过三十日。三十日不还,则请立太子为王。以绝秦望。”王许之,遂与秦王会渑池。秦王饮酒酣,曰:“寡人窃闻赵王好音,请奏瑟。”赵王鼓瑟。秦御史前书曰“某年月日,秦王与赵王会饮,令赵王鼓瑟”。蔺相如前曰:“赵王窃闻秦王善为秦声,请奏盆缶秦王,以相娱乐。”秦王怒,不许。於是相如前进缶,因跪请秦王。秦王不肯击缶。相如曰:“五步之内,相如请得以颈血溅大王矣!”左右欲刃相如,相如张目叱之,左右皆靡。於是秦王不怿,为一击缶。相如顾召赵御史书曰“某年月日,秦王为赵王击缶”。秦之群臣曰:“请以赵十五城为秦王寿。”蔺相如亦曰:“请以秦之咸阳为赵王寿。”秦王竟酒,终不能加胜於赵。赵亦盛设兵以待秦,秦不敢动。

——西汉司马迁著《史记·廉颇蔺相如列传》

明初史学家和雕版印刷家凌稚隆著《史记评林·卷八一》高度赞扬上大夫蔺相如在这次外交事件中的作用:“相如渑池之会,如请秦王击缶,如召赵御史书,如请咸阳为寿,一一与之相匹,无纤毫挫于秦,一时勇敢之气,真足以褫秦人之魄者,太史公每于此等处,更著精神。”

清嘉庆时李晚芳著《读史管见·卷二·廉蔺列传》对上大夫蔺相如和大将军廉颇在这次外交事件中的作用以及将相以国家社稷利益为先的精神也是赞美有加:“人徒以完璧归赵、渑池抗秦二事,艳称相如,不知此一才辩之士所能耳,未足以尽相如;惟观其引避廉颇一段议论,只知有国,不知有己,深得古人公尔、国尔之意,非大学问人,见不到,亦道不出,宜廉将军闻而降心请罪也。人只知廉颇善用兵,能战胜攻取耳,亦未足以尽廉颇;观其与赵王诀,如期不还,请立太子以绝秦望之语,深得古人社稷为重之旨,非大胆识,不敢出此言,非大忠勇不敢任此事。”

从司马迁的记述,我们可以了解到,虽然渑池之会中尚未谈到和氏璧,但秦国谈到了让赵国献出“十五城”,秦之群臣叫嚷“请以赵十五城为秦王寿”。这里的“十五城”与秦昭王在给赵王国书中提议交换和氏璧的十五城可是一模一样,所以这里的“十五城”可说就是“和氏璧”的隐语!很明显,秦

国君臣对于蔺相如的完璧归赵和失礼行为心有戚戚，对于和氏璧的神奇魅力心向往之，所以喝起酒来就叫嚷“请以赵之和氏璧为秦王寿”。

因此，渑池之会实际只是秦国对赵战略的暂时转向而已。待秦国收拾完楚国，那可就是赵国和赵国的和氏璧大祸临头的时候了！司马迁的如上记载从另一方面也说明，和氏璧在当时仍然掌控在赵王的手中。

按照《东周列国志》作者们的研究，渑池之会后，秦王还将王子嬴异人送入赵国做人质。这位嬴异人就是子楚，秦始皇的父亲，一直到公元前257年（赵孝成王九年）才在吕不韦的辅助下用计逃出赵国国都的邯郸之围，回到秦国。请看明余邵鱼、冯梦龙和清蔡元放等合著《东周列国志·第九十九回·武安君含冤死杜邮　吕不韦巧计归异人》的记载：“却说秦王孙异人，自秦、赵会渑池之后，为质于赵。”

六、将相和好，力拒强秦

对于完璧归赵和渑池之会后将相和好、力拒强秦的历史，西汉司马迁著《史记·廉颇蔺相如列传》这样记载：

> （赵惠文王二十年，公元前279年）既罢归国，以相如功大，拜为上卿，位在廉颇之右。廉颇曰：“我为赵将，有攻城野战之大功，而蔺相如徒以口舌为劳，而位居我上，且相如素贱人，吾羞，不忍为之下。”宣言曰：“我见相如，必辱之。”相如闻，不肯与会。相如每朝时，常称病，不欲与廉颇争列。已而相如出，望见廉颇，相如引车避匿。於是舍人相与谏曰：“臣所以去亲戚而事君者，徒慕君之高义也。今君与廉颇同列，廉君宣恶言而君畏匿之，恐惧殊甚，且庸人尚羞之，况於将相乎！臣等不肖，请辞去。”蔺相如固止之，曰：“公之视廉将军孰与秦王？”曰：“不若也。”相如曰：“夫以秦王之威，而相如廷叱之，辱其群臣，相如虽驽，独畏廉将军哉？顾吾念之，彊秦之所以不敢加兵於赵者，徒以吾两人在也。今两虎共斗，其势不俱生。吾所以为此者，以先国家之急而後私雠也。”廉颇闻之，肉袒负荆，因宾客至蔺相如门谢罪。曰：“鄙贱之人，不知将军宽之至此也。”卒相与驩，为刎颈之交。
>
> ——西汉司马迁著《史记·廉颇蔺相如列传》

太史公非常赞赏蔺相如的忠勇行为，他在《史记·廉颇蔺相如列传》中作了如下评价：

> 知死必勇，非死者难也，处死者难。方蔺相如引璧睨柱，及叱秦王左右，势不过诛；然士或怯懦而不敢发。相如一奋其气，威信敌国，退而让颇，名重太山，其处智勇，可谓兼之矣。
>
> ——西汉司马迁著《史记·廉颇蔺相如列传》

渑池之会归国后，赵惠文王认为相如功大，拜为上卿，位在廉颇之右。这引起了赵国很多大臣的不满，其中就有大将军廉颇。廉颇说："我为赵将，有攻城野战之大功，而蔺相如徒以口舌为劳。"这是廉颇说得出口的理由，笔者估计廉颇还有说不出口的理由，那就是完璧归赵之后赵国因为保护和氏璧而死伤的万千将士和丧失的无数土地。

廉颇认为自己有野战拒敌的功劳，而且野战拒敌可是因为蔺相如完璧归赵时招惹了秦国，赵国无数将士为此付出热血甚至生命，赵国则为此遭受国土沦丧。这些前因后果，让廉颇大将军颇感纳闷。最后，蔺相如还封官加爵，位居上卿，获得高官厚禄。所以，廉颇大将军的纳闷也反映了赵国军方和政界对于蔺相如封官加爵、位居上卿殊为不满。

但无论如何，蔺相如忍辱负重、顾全大局的行为感动了廉颇，廉颇也能权衡大局，向蔺相如主动请罪，这已经是殊为难得。一将一相，互谅互让，最终达成了将相和好，当然还有赵国的君臣一心。所以在赵惠文王二十年（前 279）之后一直到赵惠文王三十三年（前 266）去世这 14 年间，秦国基本上都不敢无故入侵赵国。不仅如此，在赵惠文王二十五年（前 274），赵国曾与魏国合兵击秦，但为秦将白起所败，白起破赵华阳，虏获赵国一位将军。在赵惠文王二十九年（前 269），秦军出兵围困赵国阏与，赵王使赵奢为大将，迎击秦军，结果赵奢大破秦军于阏与，赵奢因此被赵惠文王赐号"马服君"。

笔者认为，赵国这些战绩的取得正是由于蔺相如、廉颇将相和好、赵国内部团结一致、尽心报国的结果。因此，将相和好使得赵国一度强盛，成为东方诸侯阻挡秦国东进的一个坚定屏障。这些也是促成蔺相如英名彪炳中国历史的原因。

因此，笔者也可以这么说，只要蔺相如在，就有赵国的和氏璧在。

七、完璧归赵、力拒强秦小结

笔者根据上文所作论述大约可以得出如下结论：

(1)完璧归赵发生的时间在公元前283年；

(2) 完璧归赵是蔺相如大智大勇的写照，可以成为中华民族的优秀美德，但是蔺相如个人有失礼之处；

(3)赵国在完璧归赵之后付出了惨重的政治和军事代价，因为强秦念念不忘的是天下共传宝和氏璧；

(4)公元前279年秦赵渑池之会时，赵国虽然经历秦国之前三年的军事进攻，但和氏璧显然还在赵国，这足以证明，蔺相如完璧归赵、力拒强秦的战略是有效的；

(5) 将相和好，力能抵秦，证明廉颇与蔺相如是赵国历史上的中流砥柱，也是保卫赵国国宝和氏璧的中流砥柱；

(6) 秦赵战争固然有其深刻的政治原因、社会原因和军事原因，但是直接的导火索仍然是价值连城的和氏璧。当强国觊觎和氏璧连城的价值时，弱国几乎是无法阻挡的，尽管弱国可以以其外交智慧进行周旋而暂时保存绝世国宝。这就是“完璧归赵”和“将相和好”证明出来的道理。

第十五章　秦昭王拜相范睢，发起长平之战

一、范睢入秦谈和朴，被拜国相

范睢入秦，与秦昭王畅谈国政时，特别提到了和氏璧。范睢因为秦王谋政、制定远交近攻的战略而被拜为国相。范睢在当上国相后，果然远交近攻，发动了针对赵国的“长平之战”。这些在西汉司马迁著《史记·范睢蔡泽列传第十九》有详细记载：

当是时，昭王已立三十六年(前 271)。南拔楚之鄢郢，楚怀王幽死於秦。秦东破齐。湣王尝称帝，後去之。数困三晋。厌天下辩士，无所信。……范雎乃上书曰：

臣闻明主立政，有功者不得不赏，有能者不得不官，劳大者其禄厚，功多者其爵尊，能治众者其官大。故无能者不敢当职焉，有能者亦不得蔽隐。使以臣之言为可，原行而益利其道；以臣之言为不可，久留臣无为也。语曰：“庸主赏所爱而罚所恶；明主则不然，赏必加於有功，而刑必断於有罪。”今臣之胸不足以当椹质，而要不足以待斧钺，岂敢以疑事尝试於王哉！虽以臣为贱人而轻辱，独不重任臣者之无反复於王邪？且臣闻周有砥砨，宋有结绿，梁有悬藜，楚有和朴，此四宝者，土之所生，良工之所失也，而为天下名器。然则圣王之所弃者，独不足以厚国家乎？……王不如远交而近攻，得寸则王之寸也，得尺亦王之尺也。今释此而远攻，不亦缪乎！且昔者中山之国地方五百里，赵独吞之，功成名立而利附焉，天下莫之能害也。今夫韩、魏，中国之处而天下之枢也，王其欲霸，必亲中国以为天下枢，以威楚、赵。楚疆则附赵，赵疆则附楚，楚、赵皆附，齐必惧矣。齐惧，必卑辞重币以事秦。齐附而韩、魏因可虏也。……

於是废太后，逐穰侯、高陵、华阳、泾阳君於关外。秦王乃拜范雎为相。收穰侯之印，使归陶，因使县官给车牛以徙，千乘有馀。到关，关阅其宝器，宝器珍怪多於王室。乃拜范雎为客卿，谋兵事。卒听范雎谋，使五大夫绾伐魏，拔怀(前268)。後二岁，拔邢丘(前266)。……秦封范雎以应，号为应侯。当是时，秦昭王四十一年也(前266)。

……范雎相秦二年，秦昭王之四十二年(前265)，东伐韩少曲、高平，拔之。……昭王四十三年(前264)，秦攻韩汾陉，拔之，因城河上广武。後五年，昭王用应侯谋，纵反间卖赵，赵以其故，令马服子代廉颇将。秦大破赵於长平(前260)，遂围邯郸(前259)。已而与武安君白起有隙，言而杀之。任郑安平，使击赵。郑安平为赵所围，急，以兵二万人降赵。应侯席稾请罪。秦之法，任人而所任不善者，各以其罪罪之。於是应侯罪当收三族。秦昭王恐伤应侯之意，乃下令国中："有敢言郑安平事者，以其罪罪之。"而加赐相国应侯食物日益厚，以顺适其意。後二岁，王稽为河东守，与诸侯通，坐法诛。而应侯日益以不怿。

——西汉司马迁著《史记·范雎蔡泽列传第十九》

秦昭王三十六年(前271)时，秦国以穰侯魏冉为国相。当时秦国"南拔楚之鄢郢，楚怀王幽死於秦"，"东破齐，湣王尝称帝，後去之"，"数困三晋"，已是战绩彪炳。但秦昭王总还是感觉有点不够，于是开始"厌天下辩士，无所信"。这时，魏人范雎来到秦国，求职于秦昭王。

范雎在给秦昭王的国书中称"楚有和朴"，大约可能是因为和氏璧的名气太大、在楚国时间太久的缘故。因为其时和氏璧实际上身在赵国，已经成为赵国国宝——越璧。这里范雎首先以当时秦昭王最感兴趣、数次谋划而不得的天下四大名器周之"砥砨"、宋之"结绿"、梁之"悬藜"、楚之"和朴"为例，说明这四件宝玉，虽然产于土中，但即使是当时最著名的工匠也都误认为是石头。尽管如此，它们终究成为天下的名贵器物。既然如此，那么圣明君主所抛弃的人，难道就不能够使国家强大吗？以此说明自己就是这样的一块宝玉！

范雎接着就为秦昭王拟订了远交近攻的战略，如何既能攻灭诸侯，又

能抢夺天下名器。应该指出的是，四大作为镇国之宝的名器“砥砨”、“结绿”、“悬藜”与“和朴”都一样，都是超级大钻（王春云，2004a）。

我们且看范雎如何帮助秦昭王抢夺这四大宝器以实现自己的战略目的。

(1)公元前268年，秦昭王卒听范雎谋，使五大夫绾伐魏，拔怀；后二岁（前266)，又拔魏邢丘。估计通过这两次伐魏战争，梁之“悬藜”，还有魏惠王在公元前355年给齐威王吹嘘的那十颗“照乘之珠”，都已经成了秦国的囊中之物了。

(2)公元前260年，秦昭王用应侯范雎谋，纵反间卖赵，赵王中计，果然令马服君赵奢的儿子赵括取代廉颇的大将位，导致秦军大破赵军於长平（前260)，秦军并进围邯郸（前259)。根据笔者在下文中的研究，赵璧当于秦军首围邯郸之战中落入秦王手中。对于朝思暮想的天下共传宝和氏璧，秦昭王从公元前283年以十五城交换不得，公元前282年、公元前281年、公元前280年连续三年出兵攻打赵国同样不得，到公元前279年秦赵渑池之会时仍然不得。这个秦昭王对蔺相如、将相和怀恨在心，必欲是除之而后快。所以到了公元前260年，秦昭王用应侯谋，纵反间卖赵，果然使得赵国新王赵孝成王中计，削去了廉颇的兵权。笔者在下文的研究中基于赵国此时实际主政的是平原君赵胜的事实指出，此时蔺相如的相权很可能也同样被剥夺。如此，则保卫赵国和赵国和氏璧的将相之和、戮力同心的格局被打破，赵国的命运和赵国的和氏璧一样都危在旦夕。

(3)公元前256年（周赧王五十九年)，范雎指挥秦军攻打韩国和赵国；同年，秦军发动攻灭西周之战，周赧王卒，秦尽取周天子九鼎宝器，猜想其中应当包括周之“砥砨”。

(4)至于宋之结绿，因为宋国于公元前286年为齐所灭，笔者只能估计入了齐国。但齐国最后在公元前221年为秦所灭，估计齐国的宝器连同“宋之结绿”最终为秦所得。

二、筮史敢卜解赵孝成王金玉之梦

公元前262年，赵国新主赵孝成王作了一个奇怪的梦，这个梦后来被载入史册。西汉司马迁著《史记·赵世家第十三》是这样记载的：

> [赵孝成王]四年(前262),王梦衣偏裻之衣,乘飞龙上天,不至而坠,见金玉之积如山。明日,王召筮史敢占之,曰:"梦衣偏裻之衣者,残也。乘飞龙上天不至而坠者,有气而无实也。见金玉之积如山者,忧也。"
>
> ——西汉司马迁著《史记·赵世家第十三》

这里"偏裻之衣"中的"裻"指衣服背缝。春秋左丘明著《国语·晋语一》记载:"是故使申生伐东山,衣之偏裻之衣。"三国吴人韦昭作《国语解》注曰:"裻在中,左右异,故曰偏。"西晋杜预著《春秋左氏经传集解》注曰:"偏衣,左右异色,其半似公服。"因此,"偏裻之衣"表示一件左白、右黑、开缝不对称的官服。

"筮史敢"就是季敢,是以蓍草占休咎、占卜凶吉的朝廷命官。

文献记载的大意是说:赵孝成王做了一个怪梦,梦见自己穿了一件左白、右黑的衣服,身旁有一条昂首待飞的龙。赵孝成王于是骑上飞龙上天去游玩,不料从龙背上摔了下来。经这一摔,赵孝成王看到了堆积如山的金玉。怪梦,大大的怪梦!于是召来了宫中的占卜官季敢。筮史敢认为赵孝成王这梦很不吉祥。筮史敢的解梦结果如下:

"梦中的偏裻之衣,残也。"因为偏裻之衣为黑白两色,黑色一边代表赵国土地,白色一边代表国家安宁,大王从龙背摔下,黑白衣服跌破,意味着赵国将要失去国土,人民将不得安宁。

"乘飞龙上天不至而坠者,有气而无实也。"这表示大王虽然开疆拓土之心有余,但气力不足,实力不够,是要吃败仗的。

"见金玉之积如山者,忧也。"笔者认为当指赵国财宝将不保,因为金玉就是财宝。这当中首当其冲的自然就是赵国国宝和氏璧。

普通人作个梦,人梦人非,没什么大不了。但国王做梦,筮史卜梦,梦境载入史册,且一步一步为历史上实际发生的事情所证实,这就是大事了!所以赵孝成王在公元前262年作的这个"见金玉之积如山"的美梦,实际上非常不吉利,意味着赵国的国土与和氏璧国宝势将不保!

三、秦国为和氏璧兵发长平

赵孝成王六年(前 260),秦国进攻韩地上党。上党的韩国守军变得孤立无援,太守冯亭素恨秦政残暴,将上党有意献给了赵国。于是,秦赵之间围绕着争夺上党地区发生了争斗,秦昭王派大将王龁率兵伐赵。这时,赵国名将赵奢已死,蔺相如又病重,执掌军务的只有廉颇。赵孝成王于是命廉颇统帅 20 万赵军,试图在长平(今山西高平县西北)阻挡秦军的攻势。

好在赵国大将廉颇经验丰富。在面对强秦吃了几次代价较小的败仗之后,廉颇在长平深沟高垒,拒不出战,意图困住远道来袭、只求速战的秦军。王龁围攻廉颇四个多月,就是攻不下来,粮草不济,于是只得派人向秦昭王告急。

四、赵国将相兵权被削

根据西汉司马迁著《史记・范雎蔡泽列传第十九》的记载,范雎施展反间之计,派人潜入赵都邯郸,用重金收买了一些大臣,散布廉颇年老怯战、秦国最怕赵奢之子赵括出战的流言。赵王果然中计,削去了廉颇的兵权。

史书没有交代此时的蔺相如的命运。仅有司马迁在《史记・廉颇蔺相如列传》中简单提到:"(赵孝成王)七年(公元前 259 年),秦与赵兵相距长平,时赵奢已死,而蔺相如病笃,赵使廉颇将攻秦,秦数败赵军,赵军固壁不战。秦数挑战,廉颇不肯。赵王信秦之间。"

笔者认为,曾经大智大勇、从公元前 283 年一直到公元前 260 年都为保护赵国和氏璧而力拒强秦的蔺相如此时固然是病重在身,但估计与廉颇被削去兵权一样,自己也被削去了相权,因为当时是平原君赵胜在赵国主政。

将相同时被削权,意味着之前因将相之和产生的力拒强秦的战略均势被打破,赵国新王放弃了原来死守和氏璧、力拒强秦的战略。因此,赵秦长平之战的结局是可想而知的。

赵孝成王结果起用了没有实际作战经验、只会纸上谈兵的赵括替换廉颇担任主帅。范雎接着改派武安君白起为上将军，秘密赶往长平。公元前260年年底至公元前259年年初，经验老到、杀人如麻的白起大败赵括，坑杀赵军45万，赵括也死于乱军之中。

经长平之战，赵国的主力军大部被消灭，国家危在旦夕！赵国自然是一蹶不起，而秦国则更加强大。

白起于是乘胜追击，包围赵都邯郸，意在一举消灭赵国。

五、秦国为和氏璧包围邯郸

秦昭王四十八年（前259）十月，秦国在平定上党之后，军分三路：一路由王龁率领，进攻皮牢（今河北武安）；一路由司马梗率领攻占太原；而白起自将，大军围攻赵都邯郸。

这次包围赵都邯郸，就不仅是为了赵国国宝，而是为了取赵国之命了。

赵都岌岌可危，赵国灭亡在即！

六、秦昭王拜相范雎发起长平之战小结

（1）范雎入秦，拜为秦相，为秦昭王拟订了远交近攻的战略，攻伐六国，灭亡西周，抢夺包括“和朴”在内的天下名器；

（2）公元前262年赵孝成王的金玉之梦，被筮史敢卜解为赵国有丢失金玉之忧，赵国和氏璧危矣；

（3）秦国兵发长平，固然是为抢夺国土，但却是秦国争夺赵国和氏璧战争的延续；

（4）范雎使用反间计，导致赵国大将廉颇兵权在公元前260年被削，估计赵国国相蔺相如的相权此时也被削去，因此，此前因为完璧归赵而建立起来的将相和好、力拒强秦的战略均势被打破，赵国新王放弃了原来死守和氏璧、力拒强秦的战略；

（5）明代著名文学家王世贞所著《蔺相如完璧归赵论》为我们认识蔺相如的命运提供了契机。王世贞在质疑完璧归赵历史真实性的前提下推

论认为:“[蔺相如完璧归赵]令秦王怒,而僇相如于市。武安君十万众压邯郸,而责璧与信。一胜而相如族。再胜而璧终入秦。”王世贞所做虽然是推论,是假设,但这推论和假设有着重要的逻辑意义。有据于此,笔者大胆提出这一设想:长平之战时,蔺相如可能被削去相权,而在长平之战后、在邯郸首围时,蔺相如可能被灭族了;

(6)由赵冰玉编剧、郑克洪导演、高建民任出品人的电视连续剧《铁血长平》以宏大战争场面再现了公元前260年至公元前259年的长平之战。但电视剧认为白起在长平坑杀赵国战俘40多万后包围邯郸时,蔺相如虽被罢相却挺身而出,智退秦兵。这一点属于胡编滥造,并没有任何历史根据,因为邯郸被围时,蔺相如可能已经被灭族,已经从中国历史舞台上消失了;

(7)秦国为和氏璧包围邯郸,赵都岌岌可危,赵国灭亡在即,此时也许和氏璧可以帮上一点忙。明人王世贞通过假定推理所得到的认识“再胜而璧终入秦”大约是指白起乘胜追击包围邯郸这一历史事件。下文将要论述,和氏璧就是在这一历史事件中由赵入秦的。

第十六章　孝成王倚重苏代，和氏璧解围邯郸

从公元前283年蔺相如完璧归赵起，到公元前279年的渑池之会及之后的将相和好，再到公元前260年的长平之战开始前，赵国将相合作力拒强秦的战略均势一直被维持，和氏璧也一直安全地在赵王手中。可以这么说，只要蔺相如在，和氏璧就断然不会跑去秦国。否则，中国历史上“完璧归赵”历史事件的历史地位以及完璧归赵故事的传播方式就得重写了。

从公元前260年的长平之战到和氏璧证明已经为秦所有的秦王政十年（前237，根据李斯上《谏逐客书》），历史才经历了23年时间。那么，接下来的问题是，在公元前237年前的秦赵关系中，和氏璧究竟是通过什么重大外交事件去到秦国的？

我们知道，赵国的最终灭亡，是在秦始皇十九年（前228），是年秦国王翦带兵灭掉赵国后，赵国公子嘉率领其宗族数百人，逃奔到代地，自立为代王（《史记·秦始皇本纪》）；但代王苟延残喘地坚持不到6年，即秦始皇二十五年（前222），秦国大将王贲带兵灭掉燕国后掉头进攻代地，灭掉了代国，俘虏了代王赵嘉（《史记·秦始皇本纪》）。

还是让我们回溯一下公元前260年左右发生的历史大事吧。

公元前260年，武安君大胜长平，坑杀赵卒45万，几乎尽杀赵国主力，消息震惊赵国全国；

公元前259年，武安君第一次进围邯郸，赵都岌岌可危，赵国灭亡在即。可就在这时，世界军事史上最诡异的事情发生了。面对丧失几乎全部生力军护卫、处境危在旦夕的赵国都城邯郸，秦国围军竟然神秘受命撤退，主帅也被神秘召回，接着被神秘处决，第一次邯郸之围奇迹般地被解除！

这是为什么？究竟发生了什么大事？

一、苏代携璧入秦、隔岸观火

根据北宋史学家司马光著《资治通鉴·卷五》的记载，苏代携带厚币入秦，点燃了秦相范睢的妒火，接着隔岸观火，看着秦国国相与大将军如何两虎相斗、两败俱伤。记载如下：

> 赧王下五十六年(壬寅，公元前259)：十月，武安君分军为三，王龁攻赵武安、皮牢，拔之。司马梗北定太原，尽有上党地。韩、魏恐，使苏代厚币说应侯曰："武安君即围邯郸乎?"曰："然。"苏代曰："赵亡则秦王王矣。武安君为三公，君能为之下乎？虽无欲为之下，固不得已矣。秦尝攻韩，围邢丘，困上党，上党之民皆反为赵，天下乐为秦民之日久矣。今亡赵，北地入燕，东地入齐，南地入韩、魏，则君之所得民无几何人矣。不如因而割之，无以为武安君功也。"应侯言于秦王曰："秦兵劳，请许韩、赵之割地以和，且休士卒。"王听之，割韩垣雍、赵六城以和。正月，皆罢兵。武安君由是与应侯有隙。
>
> ——北宋司马光著《资治通鉴·卷五》

明余邵鱼、冯梦龙和清蔡元放等合著《东周列国志·第九十九回·武安君含冤死杜邮，吕不韦巧计归异人》对于赵王派苏代携金币入秦游说秦相范睢并承诺割地求和以解邯郸之围的历史事件，也有详细记载：

> 话说赵孝成王初时接得赵括捷报，心中大喜；已后闻赵军困于长平，正欲商量遣兵救援。忽报："赵括已死，赵军四十馀万，尽降于秦，被武安君一夜坑杀，只放二百四十人还赵。"赵王大惊，群臣无不悚惧。国中子哭其父，父哭其子，兄哭其弟，弟哭其兄，祖哭其孙，妻哭其夫，沿街满市，号痛之声不绝。惟赵括之母不哭，曰："自括为将时，老妾已不看作生人矣。"赵王以赵母有前言，不加诛，反赐粟帛以慰之。又使人谢廉颇。赵国正在惊惶之际，边吏又报道："秦兵攻下上党，十七城皆已降秦。今武安君亲率大军前进，声言欲围邯郸。"赵王问群臣："谁能止秦兵者?"群臣莫应。平原君归家，遍问宾客，宾客亦无应者。适苏代客于平原君之所，自言："代若至咸阳，必能止秦兵不

攻赵。”平原君言于赵王，赵王大出金币，资之入秦。

苏代往见应侯范雎，雎揖之上坐，问曰：“先生何为而来？”苏代曰：“为君而来。”范雎曰：“何以教我？”苏代曰：“武安君已杀马服子乎？”雎应曰：“然。”代曰：“今且围邯郸乎？”雎又应曰：“然。”代曰：“武安君用兵如神，身为秦将，所收夺七十馀城，斩首近百万，虽伊尹、吕望之功，不加于此。今又举兵而围邯郸，赵必亡矣！赵亡，则秦成帝业，秦成帝业，则武安君为佐命之元臣，如伊尹之于商，吕望之于周。君虽素贵，不能不居其下也！”范雎愕然前席曰：“然则如何？”苏代曰：“君不如许韩、赵割地以和于秦。夫割地以为君功，而又解武安君之兵柄，君之位，则安于泰山矣！”范雎大喜。明日即言于秦王曰：“秦兵在外日久，已劳苦，宜休息。不如使人谕韩、赵，使割地以求和。”秦王曰：“惟相国自裁。”于是范雎复大出金帛，以赠苏代之行，使之往说韩、赵。韩、赵二王惧秦，皆听代计。韩许割垣雍一城，赵许割六城，各遣使求和于秦。秦王初嫌韩只一城太少，使者曰：“上党十七县，皆韩物也！”秦王乃笑而受之。召武安君班师。

——《东周列国志·第九十九回·武安君含冤死杜邮，吕不韦巧计归异人》

明余邵鱼、冯梦龙和清蔡元放等合著

那么，这位神秘的苏代是谁？

苏代也是战国时期著名的纵横家，东周洛阳人，是苏秦族弟，曾事燕、齐、宋等国，被燕昭王召为上卿。不仅如此，苏代还是中国古代成语典故“鹬蚌相争，渔翁得利”中的主角。西汉刘向辑《战国策·燕二》这样记载“鹬蚌相争，渔翁得利”的故事：

赵且伐燕，苏代为燕谓惠王曰：“今者臣来，过易水，蚌方出曝，而鹬啄其肉，蚌合而其喙。鹬曰：‘今日不雨，明日不雨，即有死蚌。’蚌亦谓鹬曰：‘今日不出，明日不出，即有死鹬。’两者不肯相舍，渔者得而并禽之。今赵且伐燕，燕、赵久相支，以弊大众，臣恐强秦之为渔父也。故愿王之熟计之也。”惠王曰：“善。”乃止。

——西汉刘向辑《战国策·燕二》

上述史书记述赵国当时主政的平原君在面对赵国存亡的危机时刻，让宾客苏代携"厚币"出使秦国，目的是离间范睢和白起。从苏代的说辞，我们不禁要佩服这些纵横家的本事了。苏代果然挑起了范睢的妒火，接着就隔着河岸观妒火，坐在山上看虎斗。中国古代著名的成语典故"隔岸观火"就是来自这里。

隔岸观火的结果是秦国大将白起被班师回朝，邯郸之围解除，赵国逃过生死一劫，获得宝贵的喘息时机。但白起从此与范睢结下仇怨，最后白起被迫自杀。一代主帅，竟然灭赵不成，还白送了性命！

笔者认为，秦师撤退、白起被杀这一历史谜团当不是苏代挑起范睢一把"妒火"能够解答得了的。问题的关键当在于秦王获了利——苏代携着"厚币"，这还不是关键，关键的因素是这堆厚币中有秦昭王朝思暮想的和氏之璧！加上赵国同意割让土地，因此秦军的短期战略目的已经达到！

从公元前283年起一直魂牵梦绕的和氏璧到了秦王手里，没有比这更令人高兴的了。要知道，白起被班师回朝，这可是秦昭王为了秦国国家利益而下的撤兵命令，可不是范睢作为国相为了自己的一把妒火可以做得了主的。

现在看来，明代学者王世贞通过假定推理所得到的认识"再胜而璧终入秦"指的也是白起乘胜追击包围邯郸这一历史事件，而和氏璧入秦则是秦王决定撤围的重要条件之一。也就是说，和氏之璧在解围邯郸、挽救赵国命运的历史事件中发挥了关键作用！

二、秦国为灭赵而第二次围攻邯郸

公元前259年9月，秦国首围邯郸主动退兵之后，大概是秦昭王认为灭赵的时刻到了，于是又想派白起攻赵。但这时的白起认为最佳的战机已经错过，现在的灭赵时机不成熟，于是托病拒不出征。秦昭王只好改派五大夫王陵率领十万大军，再次包围邯郸城。在王陵进攻赵都邯郸之前，赵国已利用休战时间，积极备战。在王陵进攻赵都邯郸之时，赵国军民化悲痛为力量，奋力抵抗。加上此时的赵孝成王重新启用了廉颇担任大将，赵军又牢记长平之战的惨痛教训，通过周密部署和严密防守，使得秦军屡屡受挫，导致王陵军事失利。

公元前 258 年，秦昭王又重想派白起出征，但白起重病在身，不能行。秦昭王只得又增加十万兵力，改派王龁为将，取代王陵进围邯郸，但王龁同样攻邯郸不胜。

公元前 257 年，范睢荐举自己的亲信郑安平为将，加强对赵的进攻。秦王对两次拒绝挂帅出征的白起十分气恼，最后下令逼迫白起自杀。但是范睢所推荐的郑安平将军在攻打赵国时，被赵军包围，被迫率二万人降赵。根据太史公《史记·范睢蔡泽列传》记载，范睢按照秦国的法令“任人而所任不善者，各以其罪罪之”主动向秦昭王请罪。秦昭王不但赦免了他，还恐因此事伤害到范睢而下令国中：“有敢言郑安平事者，以其罪罪之。”不仅如此，秦王还大大赏赐了范睢。

三、秦国质子异人与吕不韦逃离邯郸

就在邯郸先后被秦国大将白起、王陵、王龁和郑安平包围之际，战国政治史上第二件最诡异的事情发生了。自渑池之会、秦赵约好而为质于赵的秦妃夏姬之子异人，竟然在阳翟大珠宝商吕不韦的帮助下，于公元前 257 年神奇地逃出邯郸重围，回到了秦国！

西汉司马迁著《史记·吕不韦列传第二十五》记载了吕不韦以王孙异人为“奇货可居”、帮助异人逃离邯郸、立为太子、继而继承王位成为秦庄襄王的系列历史事件：

> 秦昭王四十年，太子死。其四十二年，以其次子安国君为太子。安国君有子二十馀人。安国君有所甚爱姬，立以为正夫人，号曰华阳夫人。华阳夫人无子。安国君中男名子楚。楚母曰夏姬，毋爱。子楚为秦质子於赵。秦数攻赵，赵不甚礼子楚。
>
> ……秦昭王五十年（前 257），使王齮围邯郸，急，赵欲杀子楚。子楚与吕不韦谋，行金六百斤予守者吏，得脱，亡赴秦军，遂以得归。赵欲杀子楚妻子，子楚夫人赵豪家女也，得匿，以故母子竟得活。
>
> 秦昭王五十六年（前 251），薨，太子安国君立为王，华阳夫人为王后，子楚为太子。赵亦奉子楚夫人及子政归秦。
>
> 秦王立一年，薨，谥为孝文王。太子子楚代立（前 251），是为庄襄

王。庄襄王所母华阳后为华阳太后，真母夏姬尊以为夏太后。

庄襄王元年，以吕不韦为丞相，封为文信侯，食河南雒阳十万户。庄襄王即位三年，薨(前246)，太子政立为王，尊吕不韦为相国，号称“仲父”。

——西汉司马迁著《史记·吕不韦列传第二十五》

周晓文导演、编剧、张铁林、宁静、陈好等主演的电视连续剧《吕不韦传奇》(或称《乱世英雄吕不韦》)再现了这一历史事件。但该剧编剧和导演周晓文“一切为了观众，惟一的目的是好看再好看”和“以史说为内核，以戏说为外衣”的所谓创作思路(生活时报，2001)，使得该剧至少在如下六个方面严重偏离了历史的本来面目：

(1)周天子拍卖夜明珠“皓镧”一事纯属虚构。中国历史上从来没有“皓镧”的记载，那么何来“皓镧”一说？周天子贵为天下共主，何需靠拍卖天子珍宝来度日？特别是，“夜明珠”专为天子所有，天子本人为何还需拍卖；

(2)吕不韦奉送华阳夫人“夜明珠四颗”也是纯属虚构；

(3)电视剧中使用的“夜明珠”道具是一颗虚构的体型硕大、一钱不值的石球，完全偏离了夜明珠大多为“径寸之珠”可以藏于衣服内从间道而走的历史真实；

(4)吕不韦奉送华阳夫人“夜明珠四颗”，导致武安君白起被杀的历史事件，也是子虚乌有；

(5)“秦昭(襄)王派王龁、王翦为将、皇孙异人为监军，出动十万大军进攻邯郸”，事实上这里的大将“王翦”当为“王陵”，而“皇孙异人”当为“王孙异人”，此时正在赵都做人质，怎么当起秦国军监军来了？

(6)“蔺相如为廉颇设左右埋伏、诱敌深入奇计，大败秦将王龁、王翦。二王虽然逃脱，但皇孙异人则被廉颇生擒。”此时的蔺相如实际上已经从中国历史上消失，何来设计生擒“皇孙异人”？如上所述，“皇孙异人”也当为“王孙异人”，因为秦昭王并没有称帝。而且根据明余邵鱼、冯梦龙和清蔡元放等在《东周列国志》中的研究，“王孙异人”是在公元前279年的渑池之会时被送去赵国作质子的。

众所周知的吕不韦是战国时期的大珠宝商，吕不韦后来主持编撰的《吕氏春秋》有多处讲到“龢氏之璧”和“隋侯之珠”；吕不韦在公元前260

年至公元前257年四年间前往秦国花费重金帮助王孙异人打通册立为太子的关节；吕不韦在公元前257年竟能帮助王孙异人神奇地逃出邯郸之重围，回到秦国。根据如上三点，人们或许可以作出如下的推理假设：

(1)吕不韦可能与子楚负有将和氏璧交付秦昭王以解邯郸之围的神秘使命？

(2)吕不韦帮助子楚被策立为太子与神秘进献和氏璧有关吗？

(3)吕不韦相秦与和氏璧神秘入秦有关吗？

但是笔者的答案是否定的，原因无它，任何这样的猜想都缺少历史文献证据的支持！

四、毛遂自荐与窃符救赵、解除邯郸之围

就在邯郸先后被秦国大将王陵、王龁和郑安平第二次包围的严峻时刻，赵孝成王向魏、楚等诸侯国求救。

楚考烈王五年(前258)，赵国平原君赵胜奉命出使楚国。临行前，他想在门客中选拔20名文武双全的随行人员，却只选出19人。这时，一无名之辈毛遂自荐随往。平原君来到楚国，向楚考烈王陈述合纵抗秦的利害关系，但楚考烈王就是犹豫不决。根据太史公《史记·平原君列传》记载，当时尚是无名之辈的毛遂于是拔剑而前，慷慨激昂地对楚考烈王说："今楚地五千里，持戟百万，此霸王之资也。以楚之强，天下弗能当。白起，小竖子耳，率数万之众，兴师以与楚战，一战而举鄢郢，再战而烧夷陵，三战而辱王之先人。此百世之怨而赵之所羞，而王弗知恶焉。合纵者为楚，非为赵也。"楚考烈王羞愧，只得"唯唯"答应，于是"歃血而定纵"。赵平原君回国后，楚国即出兵救赵。这就是中国成语典故"毛遂自荐"的来历。

与此同时，魏安僖王虽已答应出兵救赵，却又害怕秦国报复，于是命令魏将晋鄙留军壁邺(今河北磁县南)，踌躇不前。魏信陵君恳请魏安僖王宠姬如姬窃取兵符，信陵君以窃取得来的兵符击杀晋国大将晋鄙，夺取晋军的兵权，随后领兵大败秦军于邯郸城下。秦将郑安平被迫投降，王龁败退，邯郸第二次围困遂解。这就是中国成语典故"窃符救赵"的来历。

关于秦将王陵、王龁和郑安平第二次包围邯郸和大将白起的命运，北宋司马光著《资治通鉴·卷五》有详细记载，请读者参阅：

（公元前 258 年）正月，王陵攻邯郸，少利，益发卒佐陵；陵亡五校。武安君病愈，王欲使代之。武安君曰："邯郸实未易攻也；且诸侯之救日至。彼诸侯怨秦之日久矣，秦虽胜于长平，士卒死者过半，国内空，远绝河山而争人国都，赵应其内，诸侯攻其外，破秦军必矣。"王自命不行，乃使应侯请之。武安君终辞疾，不肯行；乃以王龁代王陵。……王龁久围邯郸不拔，诸侯来救，战数不利。武安君闻之曰："王不听吾计，今何如矣?"王闻之，怒，强起武安君。武安君称病笃，不肯起。

（公元前 257 年）十月，免武安君为士伍，迁之阴密。十二月，益发卒军汾城旁。武安君病，未行，诸侯攻王龁，龁数却，使者日至，王乃使人遣武安君，不得留咸阳中。武安君出咸阳西门十里，至杜邮。王与应侯群臣谋曰："白起之迁，意尚怏怏有馀言。"王乃使使者赐之剑，武安君遂自杀。秦人怜之，乡邑皆祭祀焉。魏公子无忌大破秦师于邯郸下，王龁解邯郸围走。郑安平为赵所困，将二万人降赵，应侯由是得罪。

——北宋司马光著《资治通鉴・卷五》

五、西周与九鼎宝器为秦军剿灭

公元前 257 年，秦罢邯郸之围。第二年，即公元前 256 年（楚考烈王七年），秦昭王攻打西周，取河南（今洛阳西，西周君都邑），西周遂亡。依附西周的周赧王亦卒，秦尽取西周的九鼎宝器，实现了张仪以来秦国历代国王的梦想。

这里的西周是公元前 440 年（周考王元年）周考王将王弟揭封于王城（今洛阳西，即河南），号西周，是为周桓公，亦称西周君。因此西周是周考王分封的诸侯国。

西周灭亡后，东周君虽继续存在，但已不再称王，从此史家以秦王纪年。

这里介绍一下东周的来历。公元前 367 年（周显王二年），西周威公卒，少子公子根与太子朝争立，韩国和赵国支持公子根叛立于巩（今河南巩县西南），东周得立，公子根为东周惠公。周王畿于是分裂为西、东两部

分，因此就有了“西周”和“东周”之称。

战国末期，秦庄襄王子楚（即嬴异人、秦异人）即位后，在公元前249年，派相国吕不韦统领十万大军，一举攻灭了东周七邑，将东周公迁于阳人聚（今河南临汝）。自此，东周王朝的最后残余也被彻底铲除，周王朝自此灭亡。

六、赵国最终为秦所灭

西汉司马迁著《史记·秦始皇本纪》记载：秦始皇十九年（前228），秦国王翦带兵灭掉赵国后，赵国公子嘉率领其宗族数百人，逃奔到代地，自立为代王。接着在秦始皇二十五年（前222），秦国王贲带兵灭掉燕国后，返回来进攻代地，灭掉代国，俘虏代王赵嘉。赵国于是彻底灭亡。

一般认为，赵国最终为秦所灭时秦国才得到了梦寐以求的和氏璧。明余邵鱼《列国志传》、明冯梦龙《新列国志》、清蔡元放《东周列国志》或者他们合作署名的《东周列国志·第一百六回·王敖反间杀李牧、田光刎颈荐荆柯》有如下记载：

> （秦王政十七年，即公元前230年）……郭开乘此隙，遣心腹出城，将密书一封，送入秦寨。书中大意云：“某久有献城之意，奈不得其便。然赵王已十分畏惧，倘得秦王大驾亲临，其当力劝赵王行衔璧舆梓之礼。”……秦王亲率精兵，使大将李信扈驾，取太原路，来至邯郸，复围其城，昼夜攻打。城上望见大旆有秦王字，飞报赵王。赵王愈恐。……郭开曰：“秦不害韩王，岂害赵王哉？若以和氏之璧并邯郸地图出献，秦王必喜。”……再说秦王政准赵王迁之降，长驱入邯郸城，居赵王之宫。赵王以臣礼拜见，秦王坐而受之，古臣多有流涕者。明日，秦王弄和氏璧，笑谓群臣曰：“此先王以十五城易之而不得者也！”于是秦王出令，以赵地为钜鹿郡，置守；安置赵王于房陵；封郭开为上卿。
>
> ——《东周列国志·第一百六十回·王敖反间杀李牧、田光刎颈荐荆柯》
>
> 明余邵鱼、冯梦龙和清蔡元放合著

但明清学者的这一认识与和氏璧入秦的历史事实明显不符，上文已经详细论述。可遗憾的是，后世学人，如栾秉璈(1983,2008)、人民教育出版社中学语文室(2002)、王俪阁(2004)、汪榕(2004)、杜奎生(2004)、袁奎荣和邓燕华(2005)、周艳琼和胡兴军(2005)、张炳伟(2005)、李肖(2007)、何忆和孙建华(2008)、李延军(2008)、陈兴华(2008)，等等，竟然不加区分地重复了明清时代先人的这一错误认识，让笔者殊感遗憾。

如栾秉璈(2008)在《和氏璧失传之谜》著作中这样写道："赵惠文王在位34年，于公元前265年死，和氏璧传给了赵孝成王。赵孝成王在位22年，于公元前244年死，和氏璧传给了赵悼襄王。赵悼襄王在位10年，于公元前235年死，和氏璧又传给了赵王赵迁。到公元前222(赵代王之年)，秦始皇灭了赵国，在邯郸俘虏赵迁，从而得到了秦国梦寐以求的和氏璧。"周庆康(1985)曾经撰文对此进行了批评。

再比如，人民教育出版社中学语文室(2002)编《高中语文第一册教学参考书》引用1999年12月21日《语文报》佚名文章说："由于蔺相如的勇敢机智，秦昭王的阴谋没能得逞，秦昭王最终也没能得到和氏璧，直到秦始皇灭了楚国后，才得到和氏璧。"

七、苏代和氏璧解围邯郸小结

(1)为着争夺和氏璧，秦国于公元前260年血洗长平之后于公元前259年首次包围赵都邯郸，赵国危在旦夕！和氏璧与赵国的命运和几十万军民的性命相比，孰轻孰重，赵孝成王心里应该比谁都清楚。兵临城下之时，总会有生命和财产的重大损失事件发生，这也是战争残酷的目的之所在。所以笔者认为，自此之后，和氏璧已为秦国所有。因为以笔者的研究结果看，大约只有关系到赵国生死存亡的邯郸之围被解这一重大历史事件最有可能与和氏璧入秦发生上联系。

(2)正是苏代携璧入秦、挑起范雎妒火以至于范雎和白起两虎相斗时，邯郸第一次围困才得以奇迹般地被解除。

(3)作为赵国危在旦夕之时的救命稻草之一——秦国王孙质子于公元前257年从被秦军围困的赵国都城邯郸逃回秦国，虽然这一事件让人可以联想到异人与吕不韦一起逃赵入秦可能肩负携带和氏璧贿赂秦王以

解邯郸之围的秘密使命，但考虑到《吕氏春秋·卷第十·异宝四》关于“龢氏之璧”的记载以及《资治通鉴·卷五》记载的“王龁解邯郸围走，郑安平为赵所困，将二万人降赵，应侯(范雎)由是得罪”的历史事实，这一联想与已有的历史事实相左，在逻辑上行不通。

(4)战国吕不韦辑《吕氏春秋·卷第十·异宝四》曰：“今以百金与抟黍以示儿子，儿子必取抟黍矣；以龢氏之璧与百金以示鄙人，鄙人必取百金矣；以龢氏之璧、道德之至言以示贤者，贤者必取至言矣。其知弥精，其所取弥精；其知弥觕，其所取弥觕。”这说明，和氏璧在吕不韦的心目中，并不具备攻城略地、保家卫国的神奇功效。这一点也可佐证异人与吕不韦一起逃赵之秦不太可能肩负携带和氏璧贿赂秦王以解邯郸之围的秘密使命。

(5)猜想应侯(范雎)是因为上交赵赂和氏璧、以外交攻势获取韩垣雍、赵六城而有大功，所以即使内除亡赵功臣白起、推荐亲信郑安平攻赵不成继而降赵而有两大罪状，范雎仍能得到秦昭王的庇佑，仍能在举荐继任相国蔡泽之后安然终老秦国。笔者认为，这些都与和氏璧入秦有关联，也正是本著的结论所在。

(6)可怜一代名相蔺相如和一代名将廉颇，将相和好，共对强秦，但终因国弱，在看护赵国宝器问题上面对强秦的连番进攻也只好最终作罢。在公元前260年长平之战时，一个陷病危，一个被削职，将相和好、数拒强秦以来形成的战略均势被彻底打破。赵国在没有了将相和好、数拒强秦的蔺相如和廉颇的情况下，其一直看重的国宝也只好拱手送人了。

(7)笔者的进一步研究表明，长平之战时，蔺相如可能不仅是病危了，而是被削去了相权，而在长平之战后的邯郸首围时，蔺相如可能被灭族了。因为赵国君臣在长平之战时可能已经对蔺相如完璧归赵时的外交失礼所导致的攻伐口实有些不满了。那么，在首围时敌军兵临城下，赵国君臣有可能失去理智，将秦军讨伐归咎于蔺相如完璧归赵以来所制定的力拒强秦战略的完全失效。至少，在长平之战后，蔺相如的行踪似乎已经在中国历史文献记载中彻底消失了。

(8)苏代于公元前259年携璧入秦事件之可信，正好对应了《战国策》记载的苏秦携璧入秦记载之不可信。关于西汉刘向编《战国策·卷十八·(赵策一)·苏秦说李兑》的记载(“李兑送苏秦明月之珠、和氏之璧、黑

貂之裘、黄金百镒。苏秦得以为用，西入于秦。"），笔者已在前文中进行了批驳。可是《战国策》为什么会发生如此严重的辑录错误呢？是不是刘向发现的成片成捆的《战国策》竹简在摆放次序或者整理顺序方面发生了错乱呢？从笔者的角度来判断，这是很有可能的。这个问题就交给精明的读者去继续钻研。

公元前221年，秦王政一统六国，自号始皇帝。从此，中国由一个诸侯割据称雄的封建国家转变为一个专制主义的中央集权的封建国家。而作为天下所共传、天字第一号的国宝——和氏璧自然也为秦始皇所拥有。

在这个时代里，和氏璧的历史传承又如何呢？

第十七章　秦始皇南巡丢璧，山鬼八年寻回

秦王政于公元前246年即位，时年13岁，当时由相国吕不韦掌权。秦王政八年(前238)，秦王开始亲政，镇压了嫪毐的叛乱。次年，免除吕不韦的相国之职，后吕不韦自杀。在整顿了国内的政治之后，秦王政就展开了对六国的进攻。秦王政十六年(前230)，派内史腾灭韩；公元前225年灭魏；公元前224年，秦将王翦以60万大军伐楚，次年灭楚；公元前222年灭燕、赵；公元前221年灭齐，从而一统六国。从此，中国由一个诸侯割据称雄的封建国家转变为一个专制主义的中央集权的封建国家。

在这个时代里，和氏璧的历史传承如何呢?

一、公元前237年秦王政已拥有和宝

无论如何，和氏璧在秦王政十年(前237)以前即为秦王所拥有，这是毋庸置疑的事实。因为李斯于秦王政十年(前237)上《谏逐客书》讲到：

> 今陛下致昆山之玉，有随、和之宝，垂明月之珠，服太阿之剑，乘纤离之马，建翠凤之旗，树灵鼍之鼓。此数宝者，秦不生一焉，而陛下说之，何也?
>
> ——战国李斯著《谏逐客书》，或称《上秦始皇书》
>
> 西汉司马迁著《史记·李斯列传》转载

这里的“和宝”，毫无疑问，就是和氏璧。

按理，这时拥有“天下共传宝”的秦王应该是心安理得的了。因为“和氏玉璧，可安天下”，因为“江山一统，和璧高枕”嘛。

二、公元前219年秦始皇洞庭湖失璧

西汉司马迁著《史记卷六·秦始皇本纪第六》记载：

> （秦王政二十八年，即公元前219年）始皇还，过彭城，斋戒祷祠，欲出周鼎泗水。使千人没水求之，弗得。乃西南渡淮水，之衡山，南郡。浮江，至湘山祠。逢大风，几不得渡。上问博士曰："湘君何神？"博士对曰："闻之，尧女，舜之妻，而葬此。"于是始皇大怒，使刑徒三千人皆伐湘山树，赭其山。上自南郡由武关归。
>
> ——西汉司马迁著《史记卷六·秦始皇本纪第六》

（1）打捞宝鼎：西汉司马迁著《史记·秦始皇本纪》记载了秦始皇于秦王政二十八年（前219）的一次南巡。南巡到彭城时，秦始皇想在泗水打捞传说中落水沉没于此的一只周天子宝鼎，但没有成功。周天子宝鼎代表一统天下的权力，所以夺取周天子九鼎成了历代秦王的一件大事。

前已述及，秦昭襄王五十一年（前256），秦昭王攻打西周，取河南（今洛阳西，西周君都邑），西周遂亡。依附西周的周赧王亦卒，秦尽取西周的九鼎宝器，实现了自张仪以来秦国历代国王的梦想。但是九鼎在之后的历史中变得有点蹊跷，也许是在搬迁的时候发生的。总之有一只据说沉没于泗水之中。这成了几代秦王心中的遗憾，因为九鼎不全，意味着秦朝权力不稳固。看来秦始皇在泗水打捞宝鼎的努力也是枉费心机了。

（2）丢失和氏璧和传国玺：但就是这次出巡，秦始皇还有一桩天大的遗憾：随身携带的镇国之宝和氏璧"丢失"了！准确地讲，不是丢失，而是按照春秋战国时代一直流传下来的迷信——抛掉重宝以镇住河湖水怪，而拿去安抚洞庭湖上湘山祠里的湘君去了。因为当时秦始皇在洞庭湖上遭遇漫天狂风，"几不得渡"。情急之下，以为湘君发怒，需要神器安抚，秦始皇于是以和氏璧和其他一众宝器祭祀湘君。

这些宝器的丢失在任何史籍中都不见记载，这是笔者根据太史公在《史记·秦始皇本纪》关于秦王政三十六年记事所得出的逻辑推论。

这里秦始皇丢失的估计不仅有和氏璧，还有随行所载的"传国玉玺"。

（3）湘山祠在洞庭湖：《史记卷六·秦始皇本纪第六》记述的"湘山

祠”，唐代学者张守节著《史记正义》引经据典，给出了如下解释，认为当在洞庭湖。

西汉刘向辑《列女传》云：“舜陟方，死于苍梧。二妃死于江湘之闲，因葬焉。”唐张守节按：“湘山者，乃青草山。山近湘水，庙在山南，故言湘山祠。”

南朝宋人盛弘之《荆州记》云：“青草湖南有青草山，湖因山名焉。”

唐代萧德言等撰《括地志》云：“黄陵庙在岳州湘阴县北五十七里，舜二妃之神。二妃塚在湘阴北一百六十里青草山上。”

(4)湘君为舜帝，泛指舜帝二妃娥皇和女英：唐司马贞著《史记索隐》对“湘君“的解释是：

西汉刘向辑《列女传》亦以湘君为尧女。唐司马贞按：战国屈原著《楚辞・九歌》有湘君、湘夫人。夫人是尧女，则湘君当是舜。今此文以湘君为尧女，是概言之。

传说尧帝将皇位禅让给舜帝，同时将两个女儿娥皇和女英许配给舜帝为妃。舜帝南巡时病死苍梧，娥皇和女英南下寻找夫君舜帝不成，遂投湘江而死，死后成为湘水之神，人称“湘夫人”。那么“湘君”当指“湘夫人”的丈夫“舜帝”，如果统而言之，也可指“湘夫人”。按照如上战国屈原著《楚辞・九歌》、西汉刘向辑《列女传》、南朝宋人盛弘之著《荆州记》、唐萧德言等撰《括地志》、唐司马贞著《史记索隐》和唐张守节著《史记正义》等的解释，湘山祠位于洞庭湖上的湘山，是纪念二位湘君夫人的神祠。

(5)秦始皇报复湘君：风暴来临、万般无奈之下用神宝祭祀湘君效果果然灵验，洞庭湖上的大风大浪果然不久就平静下来了。但是丢失了国宝和氏璧和传国玺，秦始皇十分气恼，不由怒从中来。秦始皇询问随行的博士曰：“湘君何神?”博士对曰：“闻之，尧女，舜之妻，而葬此。”于是始皇大怒。接下来，秦始皇干了一件怒火中烧的大事：捣毁湘山祠，伐尽湘山树，“使刑徒三千人皆伐湘山树，赭其山”。

由此可见秦始皇怒火之盛和秦始皇丢失国宝价值之重！可以进一步联想的是，以秦始皇如此暴虐的性情和其所拥有的至高无上的权力，湘山祠周围乃至洞庭湖周围的人们也要遭殃的，他们可能被迫承担帮助寻找这些因祭祀而丢失的国宝的责任！

三、公元前211年山鬼寻回和氏璧

奇迹出现了，公元前211年，丢失洞庭湖的和氏璧似乎被山鬼寻回来了。对此，西汉司马迁著《史记卷六·秦始皇本纪第六》记载：

> (秦王政三十六年，即公元前211年)秋，使者从关东夜过华阴平舒道，有人持璧遮使者曰："为吾遗缟池君。"因言曰："今年祖龙死。"使者问其故，因忽不见，置其璧去。使者奉璧具以闻。始皇默然良久，曰："山鬼固不过知一岁事也。"退言曰："祖龙者，人之先也。"使御府视璧，乃二十八年(前219)行渡江所沉璧也。于是始皇卜之，卦得游徙吉。迁北河榆中三万家。拜爵一级。
>
> 三十七年十月癸丑(前210)，始皇出游。左丞相斯从，右丞相去疾守。少子胡亥爱慕请从，上许之。十一月，行至云梦，望祀虞舜於九疑山。
>
> ——西汉司马迁著《史记卷六·秦始皇本纪第六》

对于西汉司马迁著《史记·秦始皇本纪》的这段历史记载，我们可以这样来解读：

(1)"璧"的解释：笔者认为，这里的"璧"当指和氏璧，而不是普通玉璧，是八年前秦始皇在洞庭湖渡江时所丢失的和氏璧，因为《史记·秦始皇本纪》前后文所述历史事件构成完美的逻辑对应关系。

(2)"缟池君"的解释：关于"缟池君"，南朝·宋裴骃撰《史记集解》解释说：(东汉经学家)服虔曰："水神也。"(三国·曹魏学者)张晏曰："武王居镐，镐池君则武王也。武王伐商，故神云始皇荒淫若纣矣，今亦可伐也。"(三国·曹魏学者)孟康曰："长安西南有滈池。"笔者综合这些观点后认为，"滈"字通"镐"字，而"滈池君"为隐语，当指曾经在洞庭湖上因风浪差点遇难的秦始皇。

(3)"祖龙"的解释：关于"祖龙"，南朝·宋裴骃撰《史记集解》解释道：(三国学者)苏林曰："祖，始也。龙，人君象。谓始皇也。"(东汉经学家)服虔曰："龙，人之先象也，言王亦人之先也。"(东汉经学家)应劭曰："祖，人之先。龙，君之象。"笔者综合这些观点后认为，"祖龙"也是隐语，

当指当时至高无上、自认天下第一龙子龙孙的统治者秦始皇。

(4)“御府”的解释：关于“御府”，这是秦朝中央机构“少府”中的重要官职。少府掌管皇帝私产和照料皇帝日常生活起居，御府为少府的属官，包括御府令和御府丞，掌管皇帝服饰的织造与保管，自然包括为皇帝佩用的玉器和珠宝首饰进行鉴定和选用。

(5)“华阴平舒道”的解释：大约就在陕西华山附近，唐李益著《华山南庙》诗说：“常闻坑儒后，此地返秦璧”。该诗说的就是山鬼交回秦璧的地方。

综上所述，西汉司马迁著《史记·秦始皇本纪》的这段历史记载告诉我们，秦的使者从关东夜过华阴平舒道，有人拿着一块玉璧拦住使者说：“请把这块璧交给缟池君(即水神)。”然后又说：“今年祖龙死。”使者想问清楚，来人忽然不见，仅剩玉璧放在地上。使者于是将璧带回，并将经过奏报给秦始皇。秦始皇默然不语，良久才说：“这个山鬼能预知的不过是一年之内的事情。”退朝后又说：“祖龙是指人的祖先，不是指我。”又谕令御府鉴定那块玉璧，发现果然是八年前秦始皇渡过湘江到洞庭湖时为了祈福湘君而沉于江中的那块。

因为山鬼说过“今年祖龙死”，这使秦始皇胆战心惊。秦始皇为了消除心中的担忧，特地占了一卦，卦象表明游徙是吉利的，于是下令将北河榆中三万家迁徙，并擢升官员爵位一级。通过这两道卦象破解之法，秦始皇好不容易捱到凶兆过去。第二年，秦始皇南巡到达云梦时，即“望祀虞舜於九疑山”。

笔者认为，这当是秦始皇乞求湘君之神舜帝原谅自己在九年前捣毁湘山祠、伐尽湘山树时所犯下的罪过，也是感谢湘君之神去年饶他不死的恩典。但作恶多端、残暴千古的秦始皇怎么也想不到，就在“望祀虞舜於九疑山”的这一年，秦始皇在旅途上一命呜呼了！看来湘君终究没有饶恕秦始皇的罪恶。

(6)笔者的大意解释：后世学人一般认为，这表示秦始皇残暴无道，上天已不再福佑秦的统治，于是派妖鬼化人形将秦始皇玉璧退还，以示不再庇护之意，而要使者将此璧交给如周武王那样的有德者，讨伐暴秦，取而代之。但是这一般意义上的解释含义相混，逻辑不通。

笔者从字面意思理解，这无非表明公元前 219 年渡江所沉之和氏璧

于公元前211年被人找回，并经过御府的鉴定和认可。但找回和氏璧的过程可能比较曲折，比较血腥，以至于民怨沸腾，于是有人用隐语诅咒秦始皇早死。如此而已。

谈到秦始皇的暴政所引起的民怨，这里笔者引述西汉司马迁著《史记卷六·秦始皇本纪第六》的如下记载来说明：

> 三十六年（前211），荧惑守心。有坠星下东郡，至地为石，黔首或刻其石曰"始皇帝死而地分"。始皇闻之，遣御史逐问，莫服，尽取石旁居人诛之，因燔销其石。始皇不乐，使博士为仙真人诗，及行所游天下，传令乐人歌弦之。
>
> ——西汉司马迁著《史记卷六·秦始皇本纪第六》

什么叫"荧惑守心"呢？文史学者徐贵祥（2000，2010）给出了如下解释：

> 中国古代把"火星"称作"荧惑"，二十八宿中的"心宿"简称为"心"。"心宿"就是现代天文学中的"天蝎座"，主要由三颗星组成。当火星运行到天蝎座三颗星的附近，并在那个地方停留一段时间，就出现了中国古人常说的"荧惑守心"的天象。这种天象为皇权做出的解释是，天蝎座的三颗星中间最亮的一颗代表皇帝，旁边两颗，一颗代表太子，一颗代表庶子。这种天象为什么会被认为是不吉利的呢？中国古代的天文学叫做星占学。星占学最重要的任务是为皇权服务，皇帝设立了占星官，设此官位只是为皇帝服务的。"荧惑守心"的出现在古人看来就意味着，轻者天子要失位，严重者就是皇帝死亡。
>
> ——徐贵祥（2010）

此外，也是这一年，还有一颗陨石自天而降。有人在其上刻了几个字——"始皇帝死而地分"。这可不得了，陨石可是来自上天，一定程度代表天意。这些使得秦始皇非常"不乐"，于是下令"尽取石旁居人诛之"，还"燔销其石"。不仅如此，为了让自己开心，秦始皇还"使博士为仙真人诗，及行所游天下，传令乐人歌弦之"，以图规避谶纬的魔咒，掩盖自己的残暴，逃避上天的惩罚。

有鉴于秦始皇的残暴,笔者有理由推断,公元前219年渡江沉璧之后,秦始皇不仅捣毁湘山祠,伐尽湘山树,而且责令湘山祠周围乃至洞庭湖周围的人们寻找这些因祈神祭祀而在洞庭湖丢失的国宝。

至于和氏璧或者传国玺是怎么找到的,事情蹊跷,史亦无明载,所以不便深究,尽管有很多文史学者对此表示怀疑。比如张庆麟(2000)在谈论秦始皇玉玺时表示,"此事的可信度极低,很难想象沉没在茫茫湖底的一方小小的玉玺又会如何被人拣获,而且竟出现在千里之遥的华阴道上。由此看来,后世究竟有没有用和氏璧制成的传国玺传世是令人怀疑的。"应该指出的是,张庆麟(2000)在这里将和氏璧混同于传国玺了。

的确,楚共王失珠、楚昭阳失璧、秦始皇失璧在中国历史上最后竟然都能寻回,不亦怪哉?

(7)蔡东藩《前汉演义》的通俗解释:清蔡东藩著《前汉演义·第六回·阬深谷诸儒毙命,得原璧暴主惊心》给出了山鬼寻回和氏璧的一个通俗描述,这里转载,以飨读者:

> 当下将璧交与御府,府中守吏,却认得此御府故物,谓从前二十八年时,东行渡江,曾将此璧投水祀神,今不知如何出现,也觉不解。始皇听了,越觉心下动疑,踌躇莫决。不得已召入太卜,叫他虔诚卜卦,辨定吉凶。太卜遂向神祷告,演出龟兆,证诸三易,连山、归藏、周易,号为三易。辞义多半深奥,未尽明了。太卜不便直告,但云游徙最吉。仍是迎合上意。始皇暗想,我可游不可徙,民可徙不可游,不如我游民徙,双方并作,当可趋吉避凶。但又恐山鬼所言,今年当死,一或出游,未免遭人暗算,我且在年内徙民,年外出游,便可无虑了。于是颁诏出去,命将内地百姓三万家,分徙河北榆中。百姓并无事故,又要离乡背井,扶老携幼,辛辛苦苦的历碌奔波,这种不幸情事,真是出诸意外,没奈何吞声饮恨,遵旨移徙去了。
>
> ——清蔡东藩著《前汉演义·第六回·阬深谷诸儒毙命,得原璧暴主惊心》

四、秦始皇南巡丢璧，山鬼八年寻回小结

(1)公元前237年秦王政已拥有和宝；

(2)公元前219年秦始皇南巡到达洞庭湖时为祈福镇浪而失璧，继而迁怒于湘君之神；

(3)公元前211年山鬼奇迹般地寻回和氏璧；

(4)公元前210年秦始皇在望祀湘君之神后死于南巡旅途。

第十八章　和氏璧千古宝玉，最终魂归秦陵

和氏璧作为千古宝玉，在秦始皇时代的命运已然是十分神奇，竟然在公元前 219 年丢失于洞庭湖，接着在八年之后（前 211）又被山鬼奇迹般地寻回。那么，和氏璧在秦始皇之后的历史传承如何？其最终的归宿又如何呢？

一、被列为中国千古之谜的和氏璧下落之谜

通过《破解国魂和氏璧之谜（宝玉篇）》专著，我们知道，和氏璧是一颗千古美钻，于是和氏璧的历史传承就是一颗超级大钻的历史传承。在和氏璧面世之后的 2700 多年之后的今天，我们从上面第十七章的论述之中，也终于第一次知道了和氏璧在整个春秋战国时期的历史传承。接下来的问题是，和氏璧这块千古美钻究竟下落何方？

关于这个问题，在本著之前大约有超过 100 本的各种各样的面向广大青少年的所谓“未解之谜”系列丛书将和氏璧下落何方评定为各种名头的“未解之谜”：如“和氏璧之谜”、“中国史籍中的和氏璧之谜”、“一块引发数场战争的美玉——和氏璧”、“和氏璧踪迹之谜”、“国宝和氏璧怎么丢失的”、“和氏璧下落之谜”、“和氏璧最终流落何方”、“千年国宝和氏璧流落何方”等等。有关参考文献，请参见本著“附录：世界未解之谜丛书”。

二、和氏璧千古宝玉，最终魂归秦陵

为着争夺一块绝世宝玉和氏璧，秦国对各大诸侯国发动了一场又一场咄咄逼人的攻势和一场又一场残酷激烈的战争，最终于公元前 259 年在邯郸首围之战中夺取了和氏璧，并于公元前 221 年统一了六国。从此，

秦始皇独拥和氏璧而一统天下，和氏璧由是成了皇帝帝位和权势的象征，表征着国家权势和国家福运。从这个角度而言，一部壮怀激烈的春秋战国史，也可以说就是一部围绕着旷世名玉和氏璧写出来的血泪史和荣耀史！

通常的说法是，秦始皇一统天下后，将“天下共传宝”——和氏璧雕刻成了王朝天命所归的传国玉玺。如人民教育出版社中学语文室(2002)编《高中语文第一册教学参考书》引用 1999 年 12 月 21 日《语文报》佚名文章这样解释和氏璧的下落：“秦始皇统一六国后，令良工巧匠将和氏璧加以雕琢，让李斯在上面刻写了‘受命于天，既寿永昌’八个字，制成传国玉玺，从此成为君权的象征。秦灭亡后，和氏璧又到了汉高祖刘邦的手中。在以后的改朝换代中，和氏璧便一代一代辗转相传下来。直到唐朝第九代李从珂时，契丹人耶律光打进洛阳，李从珂抱着和氏璧出逃，在玄武楼被火烧死，和氏璧从此下落不明。”显然，该文错误地将和氏璧等同于传国玺了，将和氏璧的归宿等同于传国玺的归宿了。

为什么将和氏璧等同于传国玺是错误的呢？我们知道，秦朝在秦始皇死后很快就覆灭了。秦代以后，至少在整个汉朝(前 202—220)422 年、三国时代(220—280)60 年、西晋(265—316)51 年与东晋(317—420)103 年的漫长时间里，人们看不到任何有关和氏璧与传国玺之间联系的记载。至少在西汉和东汉时期，两汉人才济济，学者如云，可竟然没有片言支语谈到和氏璧与传国玺之间有什么联系。

和氏璧与传国玺发生关联的历史记载是在秦朝灭亡 650 年后的北魏时期，当时北魏著名学者崔浩(381—450)有记：“李斯磨和璧作之，汉诸帝世传服之，谓传国玺。”这还是唐玄宗年间著名学者张守节在《史记正义》中所作的转引。这些记载表明，大约从北魏时候起，千古美钻和氏璧已经被错误地等同于“传国玉玺”了。

那么，真正的和氏璧到哪里去了呢？

其实，从北魏时期倒推到秦朝灭亡之时，中间有 650 年之久的时间间隔，期间皇帝传位、朝代更换发生了很多次，可竟然在 650 年漫长的时间里，中国历史上没有一丝一毫的关于和氏璧与传国玉玺发生关联的记载。笔者认为，这一坚强有力的事实本身就充分表明，和氏璧与传国玉玺根本就是两码事，二者实际上毫无关联。

而且,从秦朝灭亡到北魏的650年时间间隔里,也没有关于和氏璧历史传承的片言只语的历史记载。笔者认为,这一坚强有力的事实本身也充分证明,和氏璧作为千古宝玉,已经在秦朝灭亡时或之前已经归了秦陵。所以才在之后650年的历史里"不可思议"地在中国历史记载中消失了。

由于此前大部分学者都认为和氏璧被琢刻成了传国玉玺,于是和氏璧的最终归宿问题以讹传讹地弄成了传国玉玺的最终归宿问题。这里必须再次强调,《破解国魂和氏璧之谜(宝玉篇)》(王春云,2010)专著的研究成果表明,和氏璧与传国玉玺没有任何关系。所以和氏璧的最终归宿问题与传国玉玺的最终归宿问题是两码事。

应该指出的是,不少学人,如网络作家履虎尾(2003)、何忆和孙建华(2008)等,以和氏璧作为一块中空圆环、不可能雕成玉玺为论点,认为那块中空圆环应该仍然在秦始皇陵墓中。但笔者的观点是,秦始皇陵墓中应该没有中空圆环的和氏璧,但应该有作为千古宝玉、千古美钻的和氏璧。也就是说,千古美钻和氏璧应该是最终魂归秦陵。

三、秦始皇陵及随葬宝藏介绍

在陕西临潼县城东十五里的骊山脚下,有一座金字塔形、规模巨大、山形高耸的陵墓,南望骊山,北眺渭水,将八百里秦川和周围十万家烟火收入眼底,这就是驰名中外的秦始皇陵。这座陵墓前后营造了37年,征发民夫刑徒达到70万人之众,规模十分宏大。虽然经过两千多年的风吹雨打,至今仍然保存有一个高47.6米、丘下周长达1 440米的巨大四方锥形土冢。

秦始皇帝陵是中国首屈一指的皇家陵园,规模宏大,埋藏丰富。1956年被陕西省人民政府公布为省级重点文物保护单位,1961年,被国务院公布为第一批重点文物保护单位,1987年被联合国教科文组织列入世界文化遗产保护目录,从此成为全人类共同的财富。从1974年3月起,秦始皇陵附近先后发现了3个大型的兵马俑坑,出土与真人一般大小的兵马陶俑近8 000件。最近好象又在开挖新的兵马俑坑。这些兵马陶俑组成一个个浩浩荡荡的秦俑军阵,兵马陶俑个个面向东方,仿佛是在护卫着

秦始皇的地下亡灵。1980 年 12 月，又发现了两组精致的铜车马，大小相当于真人、真车、真马的 1/2。这两个发现震动了全世界，秦始皇陵兵马俑坑因而被誉为“世界第八大奇迹”。1976 年，“秦始皇兵马俑博物馆”正式建立，吸引了来自世界各国的游客。

秦始皇陵包含的地下宝藏相当丰富，西汉、东汉乃至晋朝的文献记载可以表明这一点。

西汉辛氏撰、清王谟辑《三秦记》记载了秦汉时三秦地理、沿革、民情、都邑、宫室、山川，是中国西汉时期地方志书的代表作。三秦为战国时期秦之故地，因为项羽灭秦，将秦地分为雍、塞、翟三国，所以谓之“三秦”。《三秦记》这样记载：

> 始皇冢中，以夜光珠为日月，殿悬日月珠，昼夜光明。
>
> ——西汉辛氏撰、清王谟辑《三秦记》

西汉司马迁著《史记·秦始皇本纪》记载秦始皇陵墓中有“宫观百官、奇器珍怪徙藏满之”：

> 始皇初即位，穿治骊山，及并天下。天下徒送诣七十余万人，穿三泉，下铜而致椁。宫观百官、奇器珍怪徙藏满之。令匠作机弩矢，有所穿近者辄射之。以水银为百川江河大海，机相灌输。上具天文，下具地理。以人鱼膏为烛，度不灭者久之。……大事毕，已藏，闭中羡，下外羡门，尽闭工匠藏者，无复出者。
>
> ——西汉司马迁著《史记·秦始皇本纪》

东汉班固著《汉书·贾山传》记载：

> 死葬乎骊山，吏徒数十万人，旷日十年，下彻三泉。合采金石，冶铜锢其内，漆涂其外。被以珠玉，饰以翡翠。中成观游，上成山林。为葬骊之侈至于此？
>
> ——东汉班固著《汉书·贾山传》

东汉桑钦著、北魏地理学家郦道元注《水经·渭水注》中，对于珍宝的描绘是“宫观百室，奇器珍宝，充满其中”，可谓更为详尽：

> 秦始皇大兴厚葬，营造冢圹于骊戎之山，一名蓝田，其阴多金，其阳多玉。始皇贪其美名，因而藏焉。……斩山凿石，下锢三泉，以铜为椁。旁行周回三十余里，上画天文星宿之象，下以水银为四渎、百川、五狱、九州，具地理之势，宫观百室，奇器珍宝，充满其中。坟高五丈，项羽入关发之，以三十万人，三十日运物不能穷。关东盗贼销椁取铜。牧人寻羊烧之，火延九十日不能灭。
>
> ——东汉桑钦著、北魏郦道元注《水经·渭水注》

北宋李昉等撰《太平御览》引东汉经学家赵岐等著《三辅故事》记载：

> 始皇葬骊山。下锢三泉，周回七百步，以明月为珠，鱼膏为脂烛，金银为凫雁。金蚕三十箱，四门施徽，奢侈太过。
>
> ——东汉赵岐等著《三辅故事》
>
> 北宋李昉等撰《太平御览》转引

东晋王嘉著《拾遗记·卷五》记载也说明秦始皇陵地宫内埋藏着大批珍宝：

> 昔始皇为冢，敛天下瑰异，生殉工人，倾远方奇宝于冢中，为江海川渎及列山岳之形。以沙棠沉檀为舟楫，金银为凫雁，以玻璃杂宝为龟鱼。又于海中作玉象鲸鱼，衔火珠为星，以代膏烛，光出墓中，精灵之伟也。
>
> ——东晋王嘉著《拾遗记·卷五》

由这些珍贵的历史记载可知，秦始皇陵中的珍宝可谓是琳琅满目，具体有“以夜光珠为日月”，“殿悬日月珠，昼夜光明”，“宫观百官、奇器珍怪徙藏满之”，“被以珠玉，饰以翡翠”，“宫观百室，奇器珍宝，充满其中”，“作玉象鲸鱼，衔火珠为星，以代膏烛，光出墓中，精灵之伟也”，“以明月为珠，鱼膏为脂烛，金银为凫雁”。

四、秦始皇陵随葬和氏璧及其他珍宝举例

上述历史文献记载中有关秦始皇陵中"珍宝"或"珍怪"的记载，这些历史记载多次提到了光学性质非常独特的"夜光珠"、"明月珠"、"日月珠"和"火珠"。以笔者对于"夜光珠"、"明月珠"和"日月珠"研究成果，特别是对于夜明珠世界自然历史文化之谜的破解，笔者认为秦始皇陵中的"夜光珠"当为超级钻石，而"明月珠"和"日月珠"中除了一部分属于大珍珠外，也应当有相当部分属于超级钻石。请参见本人专著《破解夜明珠之谜》(王春云，2010，未刊稿)。

而根据笔者《破解国魂和氏璧之谜(宝玉篇)》专著的研究成果(王春云，2010)，和氏璧就是一颗超级美钻，当然也属于夜明珠。所以这进一步说明，和氏璧就随葬于秦始皇陵中。

根据上文的研究，和氏璧是在白起大破赵军於长平(公元前 260 年)并进围邯郸(公元前 259 年)赵国危在旦夕时，赵孝成王请说客苏代带璧入秦以解邯郸之围的，和氏璧于是年入秦。

显然，在秦始皇陵中达到"以夜光珠为日月"、"殿悬日月珠，昼夜光明"的琳琅满目的光学效果，一颗和氏璧当然不够用，一定还有其他珍宝。根据历史记载，笔者可以举出的秦始皇陵中随葬的其他超级大钻有如下述：

(1)楚共王(前 590—前 560 在位)的照乘之珠，大约于楚国灭亡时入秦；

(2)公元前 311 年(楚怀王十八年)楚怀王送给秦惠文王楚国国宝"夜光之璧"，该"夜光之璧"很可能就是楚国灭亡隋国时所获得的"隋侯之珠"；

(3)公元前 225 年秦灭魏或之前秦军伐魏拔怀(前 268)、拔邢丘(前 266)之战时，估计梁之"县藜"还有魏惠王在公元前 355 年跟齐威王吹嘘的那十颗"照乘之珠"，都给了秦国了；

(4)公元前 256 年(周赧王五十九年)，范睢指挥秦军发动灭西周之战，周赧王卒，秦取九鼎宝器。其中当有周之"砥砨"；

(5)至于宋之"结绿"，因为宋国于公元前 286 年为齐所灭，笔者只能

估计在宋国灭国时入了齐国。但最后在齐国于公元前221年为秦所灭时，这些宝器大约也为秦所得。

五、秦始皇陵1000年前已被盗掘？

秦始皇陵可说是世界上规模最大、结构最奇特、内涵最丰富的帝王陵墓，也是一座十分豪华的地下宫殿。守卫秦始皇陵的兵马俑已经可同埃及金字塔和古希腊雕塑相媲美，所以秦始皇陵是世界人类文化的宝贵财富，也将是中国未来最为壮观的考古成就。

2002年，文汇报本报讯(2002)报道，中国政府利用遥感技术探测秦皇陵的计划启动，有关部门将秦始皇陵考古地球物理综合探测技术课题纳入科技部国家“863”计划，以对神秘的秦始皇陵地宫进行大规模的勘察。这是中国有史以来对秦始皇陵所进行的资金投入最大、技术水平最高的地下考古勘察工作。中国大陆科学钻探工程中心和国土资源部咨询研究中心赵国隆和李常茂(2004)介绍了采用综合探测技术揭开秦皇陵地宫千古之谜的探索过程，目的是解开秦陵地宫的位置和布局之谜，为进一步勘测地宫墓室内保存文物提出方法。

考古队根据钻探资料认为，秦始皇陵地宫四周有4米厚的宫墙，宫墙还用砖包砌起来。不仅如此，考古队员还找到了若干个通往地宫的甬道，发现这些甬道中的五花土没有人为扰动破坏的迹象；找到了两个直径1米、深度不到9米的盗洞，但这两个盗洞均远离地宫且没有进入秦始皇陵地宫之内；发现了地宫中存在大量水银，这些证据表明秦始皇陵地宫没有遭到有效的盗掘。照此逻辑可以基本否定东汉班固和北魏郦道元所说的西楚霸王项羽掘墓乃至地宫失火的说法，而历史记载表明的秦末汉初项羽盗毁秦始皇陵可能只涉及到陵园的附属建筑。

累计自1962年以来，考古工作者已在秦陵区发现600余座陪葬坑，这些陪葬坑出土约5万多件文物。因此，可说秦始皇陵考古已经获得重大进展(高明和袁凌，2003)。这些进展表明，秦始皇陵是人类历史上一座至今保存完好的、举世无双的地下宫殿。

但是，北京文史学者李宝柱(2010)最近发现，清代徐松根据《永乐大典》中收录的北宋官修《宋会要》加以辑录而成的《宋会要辑稿》，其中礼三

八之三至四有如下惊人记载：

开宝三年（公元969年）九月六日，河南府京兆、凤翔府耀州上言，先准诏，检校历代帝王陵寝，内周文王、成王、康王、秦始皇、汉高祖、文帝、景帝、武帝、元帝、成帝、哀帝、后魏孝文帝、西魏文帝、周太祖、文帝、唐高祖、太宗、中宗、肃宗、代宗、德宗、顺宗、温（文）宗、武宗、宣宗、懿宗、僖宗、昭宗二十八陵曾经开发。诏：每帝制造礼衣一幅，帝服一袭，具棺椁重葬。仍令逐处长吏，严洁致祭。其礼衣，令太常礼院检讨逐朝制度，下少府监修制。当用金宝，以假者代之。制成日，进呈后，给付。并下太常礼院，各定仪注以闻。礼院请给通天冠、绛纱袍，诏少府监制造。

（开宝）四年（公元970年）二月二十八日，诏：先代帝王陵寝曾经开发者，已令重葬，所役丁夫，恐妨农务，宜以厢军一千人代之。

三月，诏：先代帝王陵寝，修创庙宇。太昊（陈州）、炎帝（卫州）、黄帝（坊州）、高阳（澶州）、高辛（宋州）、唐尧（郓州）、虞舜（道州）、女娲（晋州）、商成汤（河中府）、周文王、武王、汉高祖（并京兆府）、后汉世祖（西京）、唐高祖（耀州）十四帝，各置守陵庙七户。商中宗帝大戊（大明［名］府）、高宗帝武丁（陈州）、周成王、康王、汉文帝、宣帝（并京兆府）、西晋武帝（西京）、后周太祖、文帝（耀州）、隋高祖、文帝（凤翔府）、秦始皇帝、汉景帝（并京兆府）……二十四帝，各置守陵庙五户。令逐州检校扫洒，无得损污，添植树木，本县尉钤辖。或有损漏，画时修补。得替，批书历子。

——清徐松辑《宋会要辑稿》礼三八之三至四载（辑自明成祖朱棣命解缙、姚广孝、王景、邹辑等人纂修的《永乐大典》）

根据徐松的辑录，李宝柱认为："截至宋初，在五代，或是在唐朝末年，历代帝王陵寝，包括秦始皇陵在内，就有二十八座已经被'开发'，实际上就是被盗掘。而且，破坏得相当严重。以至于，迫使新开国的大宋朝廷不得不出巨资，进行再葬。"不仅如此，李宝柱还认为："秦始皇陵在此次再葬之前，就已经被盗掘，再葬时，地宫再次被彻底打开、重新再葬。这就意味着，秦始皇陵的地宫，起码被打开过两次。实际上，应该是被盗掘过多次，

才会导致破败不堪。”

一石激起千层浪。李宝柱的看法立即遭到了原秦始皇陵考古专家的反驳(狄蕊红和袁莎莎,2010),反驳的理由是:“秦始皇陵地下宫殿是陵墓建筑的核心部分,秦陵地宫有大量水银,而且封土完好,没有被盗的迹象。”

笔者的初步研究认为,李宝柱找到的历史文献是个孤证,只有北宋官修的《宋会要》一处记载!作为原始的历史记载——北宋官修《宋会要》已然失传,收录《宋会要》的明朝《永乐大典》也已残毁!这是中华民族文明的成果在历史传承过程中所遭遇的浩劫!所以,在没有其他文献作为佐证的情况下,清代徐松辑录《宋会要辑稿》的历史真实性是要打折扣的。因此,秦始皇陵地宫是否被盗,仍需由考古学者通过实地挖掘来进行检验。笔者将拭目以待。

六、和氏璧千古宝玉最终魂归秦陵的结论

(1)千古宝玉和氏璧最有可能随葬秦始皇陵。

(2)根据西汉《三秦记》“始皇冢中,以夜光珠为日月,殿悬日月珠,昼夜光明”的记载,笔者估计楚共王的照乘之珠、楚怀王的“夜光之璧”和/或“隋侯之珠”、梁之“县藜”夜明珠、魏惠王十颗“照乘之珠”、周之“砥砨”、宋之“结绿”等超级大钻等都已经进入了秦始皇陵了。

(3)秦始皇陵估计珍藏着中国自三皇五帝以来、尤其是夏商周上古三代将近2000年漫长时期所积累的差不多全部中华文明的宝藏,是中华文明宝藏之集大成者,其中特别珍藏着被誉为“天下共传宝”的千古美钻和氏璧,所以秦始皇陵宝藏估计很可能是世界首屈一指的宝藏,是“天下第一大宝藏”,因此值得全世界考古学者的高度关注。

(4)标志中国封建历史开始的第一位皇帝在其陵墓中随葬着和氏璧超级大钻。有趣的是,中国封建历史结束时最后一位皇太后——慈禧陵墓中也随葬有一颗超级大钻——莫卧儿大帝金刚石。有关慈禧太后陵墓宝藏,请参见本人专著《破解慈禧太后夜明珠之谜》(王春云,2010,未刊稿)。

公元前 210 年，秦始皇病逝。

秦朝在苟延残喘四年后于公元前 206 年覆灭。

刘邦经过四年楚汉战争于公元前 202 年建立汉朝。

然而，至少在整汉一朝（前 202—220）422 年、三国时代（220—280）60 年、西晋（265—316）51 年与东晋（317—420）103 年的漫长时间里，人们看不到有关和氏璧与传国玉玺之间联系的任何记载。

因此笔者的结论是，天下所共传、天字第一号的国宝——和氏璧最终作为随葬品魂归了秦始皇陵。

令人遗憾的是，后世人们竟然相信秦始皇于公元前 221 年一统天下时琢刻的传国玉玺就是“和氏璧”，而雕刻为传国玉玺的“和氏璧”居然又传承了十几个朝代、上百位皇帝和一千多年历史，一直到后唐的李从珂为止。还有一部分人竟然相信，雕刻为传国玉玺的“和氏璧”一直流传，经过宋、元、明、清各朝，至于民国，甚至到了今天。

第十九章　和氏璧的历史文化意义

"和氏璧，天下所共传宝也。"这是2100年前的史学巨匠司马迁在《史记》中的记述。"完璧归赵"、"璧还"这些为所有十三亿中国人所熟悉的成语典故中的主角就是源自2700年前卞和在楚国"楚山"所发现的"和氏璧"。

然而献宝者卞和却被楚厉王和楚武王这两代楚王因其"地矿部长"——"典瑞"或"玉人"不能识货而两遭刖足之苦，虽然和氏璧最终被楚文王的"玉人"鉴定为"天下之良宝"，被楚文王以发现者姓氏命名为"和氏之璧"，宝玉由此流传百世，发现者由此流芳千年，但献天下奇宝而遭受奇耻大辱的悲剧从此也深深地烙进了我们这个民族的基因里。

不幸的是，2700年过去，作为炎黄子孙的中华民族、作为一代地质学家和历史学家的我们是否又真正知道了这是什么宝贝吗？是否又真正知道了这件宝贝的历史传承呢？

作为家喻户晓、中国人人人皆知的宝玉，和氏璧的历史和传承自有其深刻的历史文化意义。

一、和氏璧发现和鉴定带来的启示

卞和献玉的故事催人泪下，非常感人，也蕴涵着丰富的哲学思想，带给人们很多的启示。笔者估计，有益的启示大约有如下一些。

(1) 卞和三献反映了楚厉王和楚武王时期上愚下智的政治局面。楚国野民卞和发现了宝玉，可是楚厉王和楚武王的两任"玉人"，吃着优厚的朝廷俸禄，可是却有眼无珠，两次鉴定为石头；

(2)卞和三献反映了卞和坚持科学、坚持真理的精神。卞和献宝，两遭刖足，但仍锲而不舍，矢志不渝。这是一种忠贞不渝、舍生取义、捍卫真理和热爱祖国的十分崇高的精神。这种精神能够激励和鼓舞人们开拓创新、不断进取和奋发有为；

(3)卞和三献反映了当有奸佞在位时，忠臣可能要遭受断足之苦；

(4)卞和三献反映了一种政治现实，即再好的宝玉，仍然需要朝廷有好的玉人来做鉴定，就像千里马需要被伯乐赏识一样。

二、和氏璧作为镇国之宝带来的启示

和氏璧为镇国之宝，为天下至宝，使得楚国成为春秋五霸和战国七雄，为楚国840多年的基业添光加彩，帮助铸造了荆楚文明的辉煌和灿烂，为中华民族历史文化增添了新的内涵。和氏璧作为镇国之宝大约可以给我们带来如下启示：

(1)和氏璧为"天下共传宝"，象征巨额财富，象征王权，也象征至高无上的地位；

(2)和氏璧毕竟只是一块石头，不具备实用功能和实用价值，所以若干智者主张不以和氏璧为宝，而应以利义为宝。比如墨子作为战国时代墨家的创始人，主张兼爱、仁爱，主张将利义视为天下之良宝，不以并无实用价值的"和氏之璧"为宝。这些思想记载在墨翟所著《墨子·耕柱篇》里的墨子语录中；

(3)"邦之利器，不可以示人"。和氏璧为"天下共传宝"，象征巨额财富，象征王权，但是不可以炫耀，免得招来觊觎之心。要知道，诸侯的觊觎之心就意味着战争，而战争就意味着人们痛苦；

(4)"不宝哗器，惟宝贤才"。和氏璧是一块美玉，很哗器。但不能作为国家之宝，因为"国之宝器，其在得贤"。至少在整个春秋时期，楚国人才辈出，使得楚国能够昂然立于天下，成为春秋三霸。后世形容的"惟楚有才，于斯为盛"也是这一思想的形象说明。

三、完璧归赵的正面历史意义及负面历史意义

"完璧归赵"被宣扬成为中华民族的一种美德，当然具有非常正面历史意义，但与此同时，我们也不要忘记完璧归赵历史事件所带来的负面历

史影响：

(1)完璧归赵的正面历史意义。蔺相如使秦前向赵王保证，赵王要么得城，要么得璧。蔺相如以其大智大勇，智斗强秦，履行了自己的承诺，写就了中华民族千秋传诵的成语“完璧归赵”，这是积极的历史意义；

(2)将相和好的历史意义。蔺相如与廉颇的将相和，维持了保护赵璧、对付强秦的均势，为赵国赢得了尊严和威望；

(3)完璧归赵的负面历史意义。蔺相如在秦昭王答应设九宾之礼时，使人从间道携璧返赵，这是失礼之处，给日后秦国连年讨伐赵国以至血洗长平、兵围邯郸以借口，也给蔺相如在长平之战中相权被削、邯郸之围中被灭族埋下了祸根。

四、卞和本人缺乏研究带来的启示

(1)卞和发现并上献了千古宝玉，但2700多年以来，人们却不知道卞和的名字、卞和的出生地，甚至不知道卞和发现和氏璧的准确产地。2700多年以来，人们见不到任何有关卞和的有见地的学术研究成果。这是遗憾；

(2)现在湖北、山西、安徽、河南甚至遥远的云南的若干县市都设立了卞和庙或者卞和碑，以此来纪念卞和的事迹。可是卞和有这么多出生地吗？人们几乎见不到任何认真严肃的、有学术价值的史地研究结论来作支撑。那么这么多卞和纪念遗迹的设立，看来就有借卞和之名来推广旅游价值的嫌疑了；

(3) 卞和姓氏被楚文王用来命名宝玉，卞和本人也被封为陵阳侯，这些算是王权给予卞和的恰如其分的回报，虽然是历尽沧桑、姗姗来迟的回报。从魏田父被魏王封为上大夫、楚卞和被楚文王封为陵阳侯、楚繁阳小子寻获楚共王照乘之珠而获楚共王万家之邑的赏赐来看，我们难道不应该给山东省临沭县魏振芳女士1977年发现并献上“常林钻石”这一历史事件发出感慨吗？我们知道，魏振芳女士仅获得某政府机构3 000元的奖励。

五、和氏璧形状和材质缺乏研究带来的启示

(1) 2700多年以来，人们一直无法准确研究和知道和氏璧的形状。因为没有严肃的学术研究成果出现，人们便想当然地认为和氏璧的形状是一个中空玉环。于是人们见到了山西太原的蔺相如城雕中的中空玉环；见到了云南腾冲卞和庙里的中空玉环；见到了湖北若干县市、河南若干县市、安徽若干县市树立的卞和手持中空玉环的塑像；见到了河北邯郸一个老工人设计的中空玉环旅游纪念品，甚至见到了国家知识产权局给邯郸工人设计的中空玉环旅游纪念品颁发设计专利。

(2)2700多年以来，人们一直无法准确研究和知道和氏璧的宝玉材质，的确也没有严肃的学术研究成果出现。

上述这些都是和氏璧历史传承所带给人们的启示。和氏璧事件是中华民族的悲剧，和氏璧宝玉材质之谜和历史传承之谜如果在2700多年的时间里尚不能解决的话，则不仅是地质学的悲剧、地质学家的悲剧、也是我们这个民族的悲剧。

所幸的是，这两个千年之谜在本著和本著的姊妹篇《破解国魂和氏璧之谜(宝玉篇)》中都已经圆满地得到了解决，希望和氏璧事件与和氏璧学术难题给中国学界造成的遗憾、给中国人心中造成的伤痛，都能在这两本专著中都能得到一笔勾销。

六、与和氏璧发现和传承有关的历史典故举例

下面就与和氏璧发现和传承有关的历史典故举例，让有心的读者自己去用心感悟。

1.西汉司马迁著《史记·卷八十三·鲁仲连邹阳列传第二十三》

西汉时期的邹阳是散文家，齐国人。在汉文帝时，为吴王刘濞门客，以文辩著称于世。吴王阴谋叛乱时，邹阳上书谏止，因吴王不听而与枚乘、严忌等离吴去梁，为汉景帝少弟梁孝王门客。邹阳"为人有智略，慷慨不苟合"，后被人诬陷入狱，险被处死。他在狱中上书梁孝王，表白自己的心迹。梁孝王见书大悦，立命释放，并尊为上客。西汉司马迁著《史记·

卷八十三·鲁仲连邹阳列传第二十三》记载西汉邹阳《狱中上梁王书》,邹阳以下和献玉被楚王加害的事情,比喻自己一片忠心,也受人诬陷。《史记·卷八十三·鲁仲连邹阳列传第二十三》记载如下:

邹阳者,齐人也。游于梁,与故吴人庄忌夫子、淮阴枚生之徒交。上书而介于羊胜、公孙诡之闲。胜等嫉邹阳,恶之梁孝王。孝王怒,下之吏,将欲杀之。邹阳客游,以谗见禽,恐死而负累,乃从狱中上书曰:

"臣闻忠无不报,信不见疑,臣常以为然,徒虚语耳。昔者荆轲慕燕丹之义,白虹贯日,太子畏之;卫先生为秦画长平之事,太白蚀昴,而昭王疑之。夫精变天地而信不喻两主,岂不哀哉!今臣尽忠竭诚,毕议愿知,左右不明,卒从吏讯,为世所疑,是使荆轲、卫先生复起,而燕、秦不悟也。愿大王孰察之。昔卞和献宝,楚王刖之;李斯竭忠,胡亥极刑。是以箕子佯狂,接舆辟世,恐遭此患也。愿大王孰察卞和、李斯之意,而后楚王、胡亥之听,无使臣为箕子、接舆所笑。臣闻比干剖心,子胥鸱夷,臣始不信,乃今知之。愿大王孰察,少加怜焉。谚曰:'有白头如新,倾盖如故。'何则?知与不知也。故昔樊于期逃秦之燕,藉荆轲首以奉丹之事;王奢去齐之魏,临城自刭以却齐而存魏。夫王奢、樊于期非新于齐、秦而故于燕、魏也,所以去二国、死两君者,行合于志而慕义无穷也。是以苏秦不信于天下,而为燕尾生;白圭战亡六城,为魏取中山。何则?诚有以相知也。苏秦相燕,燕人恶之于王,王按剑而怒,食以駃騠;白圭显于中山,中山人恶之魏文侯,文侯投之以夜光之璧。何则?两主二臣,剖心坼肝相信,岂移于浮辞哉!"

——西汉司马迁著《史记·鲁仲连邹阳列传》

2.东汉班固撰《汉书·卷五十一·贾邹枚路传第二十一》

东汉班固撰《汉书·卷五十一·贾邹枚路传第二十一》也记载了邹阳在狱中写就的《上梁王书》,不仅谈到了"玉人献宝",还谈到了与和氏璧联系紧密的"明月之珠"和"夜光之璧":

昔玉人献宝，楚王诛之；李斯竭忠，胡亥极刑。是以箕子阳狂，接舆避世，恐遭此患也。愿大王察玉人、李斯之意，而后楚王、胡亥之听，毋使臣为箕子、接舆所笑。臣闻比干剖心，子胥鸱夷，臣始不信，乃今知之。愿大王孰察，少加怜焉！……臣闻明月之珠、夜光之璧，以暗投人于道，众莫不按剑相眄者。何则？无因而至前也。蟠木根柢，轮囷离奇，而为万乘器者，以左右先为之容也。故无因而至前，虽出随珠、和氏璧，祇怨结而不见德；有人先游，则枯木朽株，树功而不忘。今夫天下布衣穷居之士，身在贫羸，虽蒙尧、舜之术，挟伊、管之辩，怀龙逢、比干之意，而素无根柢之容，虽竭精神，欲开忠于当世之君，则人主必袭按剑相眄之迹矣。是使布衣之士不得为枯木朽株之资也。

——东汉班固撰《汉书·贾邹枚路传》

3.南朝·宋范晔撰《后汉书·卷三·班彪列传·附班固传》

范晔是南北朝时期宋国的著名史学家，其所撰《后汉书·卷三·班彪列传·附班固传》记载了东汉史学家班固所写的《上光武帝之子东平王刘苍的奏记》，其中有言“卞和献宝，以离其趾”、“和氏之璧，千载垂光”：

昔卞和献宝，以离其趾；灵均纳忠，终于沉身。而和氏之璧，千载垂光；屈子之音，万世归善。愿将军隆照微之明，信日昊之听，少屈神威，咨嗟下问，令尘埃之中，永无荆山、汨罗之恨。

——南朝范晔撰《后汉书·卷三·班彪列传·附班固传》

4.三国·魏曹植著《与杨德祖书》

三国时代魏王的弟弟曹植著有《与杨德祖书》，将人才与“荆山之玉”作了生动类比：

当此之时，人人自谓握灵蛇之珠，家家自谓抱荆山之玉。

——三国曹植著《与杨德祖书》

5.南朝·宋裴松之注《三国志·魏书·王卫二刘傅传》

西晋陈寿撰《三国志·卷二十一·魏书二十一·王卫二刘傅传第二十一》记载刘桢因甄氏事获罪曹操，被罚去磨石。南朝裴松之《三国志注》引三国时期魏国郎中鱼豢所著《典略》，说刘桢自比“荆山之璞”、“随侯之珠”、“南垠之金”和“鼲貂之尾”。

西晋陈寿撰《三国志·魏书·王卫二刘傅传》的记载如下：

> 桢以不敬被刑，刑竟署吏。咸著文赋数十篇。
>
> ——西晋陈寿撰《三国志·魏书·王卫二刘傅传》

南朝·宋裴松之著《三国志注》如此解释：

> 裴松之注引[东晋张隐著]《文士传》曰：桢父名梁，字曼山，一名恭。少有清才，以文学见贵，终於野王令。[三国·魏鱼豢著]《典略》曰：文帝尝赐桢廓落带，其后师死，欲借取以为像，因书嘲桢云：“夫物因人为贵。故在贱者之手，不御至尊之侧。今虽取之，勿嫌其不反也。”桢答曰：“桢闻荆山之璞，曜元后之宝；随侯之珠，烛众士之好；南垠之金，登窈窕之首；鼲貂之尾，缀侍臣之帻：此四宝者，伏朽石之下，潜汙泥之中，而扬光千载之上，发彩畴昔之外，亦皆未能初自接於至尊也。夫尊者所服，卑者所脩也；贵者所御，贱者所先也。故夏屋初成而大匠先立其下，嘉禾始熟而农夫先尝其粒。恨桢所带，无他妙饰，若实殊异，尚可纳也。”桢辞旨巧妙皆如是，由是特为诸公子所亲爱。其后太子尝请诸文学，酒酣坐欢，命夫人甄氏出拜。坐中众人咸伏，而桢独平视。太祖闻之，乃收桢，减死输作。
>
> ——南朝裴松之著《三国志注》

6.南朝·梁刘孝标注《世说新语·言语》引《典略》

《世说新语》是南北朝时期的一部记述后汉至南朝刘宋王朝人物的遗闻轶事的杂史。刘宋宗室临川王刘义庆(403—444)撰写，梁刘孝标注。该书原名《世说》，因与西汉时代刘向著《世说》同名，大约宋代以后后人改其名为《世说新书》。

南朝·宋刘义庆撰、南朝·梁刘孝标注《世说新语·言语》引三国·魏鱼豢著《典略》云：

刘桢因甄氏事获罪曹操，罚以磨石，武帝问石如何，桢因得喻己自理，跪而对曰："石出荆山悬崖之颠，外有五色之章，内含卞氏之珍。磨之不加莹，雕之不增文，禀气坚贞，受之自然。顾其理枉屈纡绕而不得申。"帝顾左右大笑，即日赦之。

——三国魏鱼豢著《典略》

南朝刘义庆撰、南朝刘孝标注《世说新语·言语》转引

7.南北朝庾信著《哀江南赋并序》

南北朝文学家庾信著有《哀江南赋并序》，讲述了卞和献玉的故事：

荆山鹊飞而玉碎，隋岸蛇生而珠死。鬼火乱于平林，殇魂游于新市。梁故丰徒，楚实秦亡。不有所废，其何以昌？有妫之后，将育于姜。输我神器，居为让王。天地之大德曰生，圣人之大宝曰位。用无赖之子弟，举江东而全弃。惜天下之一家，遭东南之反气。以鹑首而赐秦，天何为而此醉？

——南北朝庾信著《哀江南赋并序》

8.南朝·梁萧绎著《金楼子·立言》

南北朝时梁朝的萧绎即梁元帝，自号金楼子。初封湘东王，后即位称帝。萧绎所撰《金楼子》为笔记体著作，其中《金楼子·立言》篇章记载了荆山之璞：

夜光之璧，黄彝之尊，始乃中山(当为荆山)之璞，溪林之干，乃良工琢磨，则登廊庙之上矣。

——南朝萧绎著《金楼子·立言》

9.北齐刘昼著《刘子·妄瑕》记载"荆岫之玉"

南北朝时期北齐学者刘昼著《刘子·妄瑕》记载了"荆岫之玉"：

荆岫之玉，必含纤瑕，骊龙之珠，亦有微颣。

——北齐刘昼著《刘子·妄瑕》

10. 北齐颜之推著《颜氏家训》

南北朝时期，北齐颜之推著《颜氏家训》，今人王利器作《颜氏家训集解》，其中的附录三载有《颜之推集辑佚·其二》诗：

宝珠出东国，美玉产南荆。随侯曜我色，卞氏飞吾声。已加明称物，复饰夜光名。骊龙旦夕骇，白虹朝暮生。华彩烛兼乘，价值讵连城。常悲黄雀起，每畏灵蛟迎。千刃安可舍，一毁难复营。昔为时所重，今为时所轻。愿与浊泥会，思将垢石并；归真川岳下，抱润潜其荣。

——北齐颜之推著《颜氏家训》

11.《艺文类聚》记魏应璩荐和虑则笺

唐欧阳询、令狐德棻等十余人奉诏编撰《艺文类聚·卷五十三·治政部下·荐举》，其中记载的魏人应璩为三国时曹魏文学家，博学好作文，善于书记，历官散骑常侍、侍中、大将军长史等，著有《荐和虑则笺》，记载如下：

璩闻唐尧因群士以兴治，齐桓假众能以定业，是故八元进则太平之化成，六贤用则九合之功立，切见同郡和模，字虑则，质性纯粹，体度贞正，履仁蹈义，动循轨礼，方今海内企踵，欣慕捉发之德，山林投褐，思望旌弓之招，寔英奇叙用之时，贡达进致之良秋也，令夜光之璧，显价於和氏之肆，千里之足，定功於伯乐之庭，庶有以宣明大道，光益时化。

——三国魏应璩著《荐和虑则笺》

唐欧阳询、令狐德棻等撰《艺文类聚·卷五十三·治政部下·荐举》转引

12.《艺文类聚》记载晋人孙楚荐傅咸笺

唐欧阳询、令狐德棻等十余人奉诏编撰《艺文类聚·卷五十三·治政部下·荐举》，其中记载的晋人孙楚为西晋文学家，出身于官宦世家，历官参镇东军事、卫将军司马、冯翊(今陕大荔县一带)太守，曾著《荐傅咸笺》，记载如下：

楚闻骐骥不遗能於伯乐，良宝不藏耀於下和，是以辉光夜射，价连秦赵，飞驷绝影，终朝千里，物尚有之，士亦宜然。

——西晋孙楚著《荐傅咸笺》

唐欧阳询、令狐德棻等撰《艺文类聚·卷五十三·治政部下·荐举》转引

13.唐魏征著《群书治要·体论》记载“和氏之璧”

唐魏征著《群书治要·体论》记载：

和氏之璧，不能无瑕，隋侯之珠，不能无颣。

——唐魏征著《群书治要·体论》

14.《晋书·景帝纪》记载“荆山之璞”

唐房玄龄等撰《晋书·景帝纪》记载：

荆山之璞虽美，不琢不成其宝。

——唐房玄龄等撰《晋书·景帝纪》

15.《晋书》记载应詹荐韦泓于元帝事

唐房玄龄等奉敕撰《晋书·卷三十五·应詹传·荐韦泓于元帝》，记东晋应詹著《荐韦泓表》曰，“抱璞荆山，未剖和氏璧”：

自遭丧乱，人士易操，至乃任运固穷、耿介守节者鲜矣。伏见议郎韦泓，年三十八，字元量，执心清冲，才识备济，躬耕陇亩，不烦人役，静默居常，不豫政事。昔年流移，来在詹境，经寇丧资，一身特立，短褐不掩形，菜蔬不充朝，而抗志弥厉，不游非类。颜回不改其乐，泓有其分。明公辅亮皇室，恢维宇宙，四门开辟，英彦凫藻，收春华于京辇，采秋实于岩薮。而泓抱璞荆山，未剖和氏璧。若蒙铨召，付以列曹，必能协隆鼎味，缉熙庶绩者也。

——东晋应詹著《荐韦泓表》

唐房玄龄等撰《晋书·卷三十五·应詹传·荐韦泓于元帝》转引

16. 唐朝大诗人李白对于卞和三献的感叹诗作

李白著《答王十二寒夜独酌有怀》有诗：

> 巴人谁肯和阳春，楚地由来践奇璞。
>
> ——唐李白著《答王十二寒夜独酌有怀》

李白著《古风》有诗：

> 抱玉入楚国，见疑古所郑。良宝终见弃，徒劳三献君。
>
> ——唐李白著《古风》

李白著《鞠歌行》有诗：

> 玉不自言如桃李，鱼目笑之卞和耻。楚国青蝇何太多？连城白璧遭谗毁。荆山长号泣血人，忠臣死为刖足鬼。
>
> ——唐李白著《鞠歌行》

17. 唐代诗人胡曾著《荆山诗碑》

唐胡曾著《荆山诗碑》记载：

> 抱璞岩前桂叶稠，碧溪寒水至今流。空山日落猿声啼，疑是荆人哭未休。
>
> ——唐胡曾著《荆山诗碑》

18. 唐代诗人白居易著《游悟真寺诗》记载蓝田玉

唐代诗人白居易著《游悟真寺诗》以蓝田玉为题对于什么是真玉颇有一番感慨：

> 东崖饶怪石，积甃苍琅玕；温润发于外，其间蕴璵璠。卞和死已久，良玉多弃捐；或时泻光彩，夜与星相连。
>
> ——唐白居易著《游悟真寺诗》

19. 唐代诗人牟融著《寄周韶州》记“山中荆璞”

唐牟融著《寄周韶州》诗歌记载：

> 十年学道困穷庐，空有长才重老儒。功业要当垂永久，利名那得在须臾。山中荆璞谁知玉，海底骊龙不见珠。寄语故人休怅快，古来贤达事多殊。
>
> ——唐牟融著《寄周韶州》

20. 北宋诗人梅尧臣著《荆山》记载卞和献玉事

北宋梅尧臣著《荆山》记载卞和献玉事：

> 和楚人，滋楚地；泣玉山，无所记。但见楚人夸产玉，古庙幽幽无鬼哭；倘有鬼，定无足。
>
> ——北宋梅尧臣著《荆山》

21. 北宋诗人苏东坡著《涂山荆山记所见》记载卞和献玉事

北宋苏东坡著《涂山荆山记所见》诗：

> 荆山碧相照，楚水清可乱。刖人有余坑，美石消温瓒。
>
> ——北宋苏东坡著《涂山荆山记所见》

22. 金代诗人元好问著《怀益之兄》谈"抱璞"

金代元好问为著名诗人和史学家，著有《怀益之兄》：

> 抱璞休奇怪，临觞得缓斟。
>
> ——金元好问著《怀益之兄》

23. 明代文学家程登吉著《珍宝》谈"和氏之璧"

明程登吉著《珍宝》记载：

> 惠王之珠，光能照乘；和氏之璧，价重连城。
>
> ——明程登吉著《珍宝》

后 记

科学研究、尤其是跨学科研究，首要注重的就是对于之前学人参考文献的引用，因为任何科学研究成果的取得都是建立在前人辛勤耕耘和创造性智慧劳动的基础之上。本书作为科学研究著作，如果说还能取得一些小小的成就，那也一定是在数以百计的前人学者的基础上才取得的。

本文部分文献的引用来源于一些对于参考文献引用不太规范的前人著作，而另一部分文献则来自原始出处不甚明确的网上发表和电子转载读物，还有一部分则是对于参考文献不太重视的古代著作。尽管笔者都已经十分注重考证所引文献或者观点的原始出处或者说原始版权的所有者，但挂一漏万的事情可能终究无法避免。

有鉴于此，春云在这里提请读者注意：如果各位著作权人对于拙著中参考文献认为有引用不明、不全和不够规范的地方，敬请来信或者来电给予指正，春云将保证在本书再版的时候，或者在本书的推广和宣传活动中，应诺以适当方式加以改正、认可，并致以诚挚的谢意。春云相信，对于版权的保护不仅是每一个著作权人的责任，同时也是全社会每一个关心、爱护和尊重著作权人辛勤劳动和知识产权人的责任。

因为和氏璧历史传承的研究，笔者常常是夜不能寐。经常梦见卞和那鲜血淋淋的双脚；那哭干了眼泪、又被鲜血粘结了的双眼；那近乎麻木的、但显然已近完全瘫痪了的躯干和几近绝望的心神。于朦胧仿佛之中，笔者有时也不期然地会梦到楚文王有时慈祥、有时又是似笑非笑的微笑。

笔者的家乡就是楚国的故里湖南，所以我也算得上是个故楚的臣民。但作为楚人，对 2700 年前的祖先的思维其实是很难参解

得透的，而这种思维既包括了卞和的，也包括了楚厉王、楚武王和楚文王的，自然也包括了春秋战国以至于其后绵延了 2000 多年的故楚亿兆劳苦大众的。

卞和捧璧献楚，是一片赤心，然而其结局是先后被刖两足、一辈子终身残疾。我们无法猜想卞和在一辈子含冤受辱、经济没有来源兼且生活无法自理的情况下，他是如何度过他的一生的？

楚国宫廷玉匠享有优厚的朝廷俸禄，却不识玉璞，竟将宝玉诬以为石，固然难辞其咎，当然必须为其愚蠢负责，然而谁都明白，罪魁祸首或者说元凶却是楚国的至少两任国王，或者当时十分血腥的王法制度。即便是将早已是垂暮之年兼且身体完全残疾了的卞和事后封个什么侯之类，估计也是难以弥补卞和的忠心和为这种忠心所作的一辈子青春乃至生命的付出。

只是事情绝非如此简单，楚国的国民难道就可以心安理得地说，卞和的旷世冤案与自己一点关系也没有了吗？答案应该不是肯定的。

也许可以令在荆山底下早已化作一抷黄土的卞和稍感欣慰的是，在传说中卞和发现玉璞的几个地方，故楚的子孙们树立起了好些个庙宇和祠堂，来敬奉这位被视为中华民族美好精神化身的杰出人物。只是英灵已逝，而青山长存，空旷的荆山，萧萧的晚风，徒使我们这些故楚的臣民空生好些惆怅。

令人遗憾的是，后世竟然还有所谓学人认为卞和愚昧，理由就是卞和只要简单地磨去玉璞再献给国王，不就完全不会两度遭此奇冤了吗？考虑到这样一些所谓学人的观点通常也代表了一众民人的类似看法，春云不才，不禁要为此鸣呼了！惟愿这种观点只是这些学人的一时笔误，而非经过深思熟虑的定论。

试想卞和如果千里迢迢献宝，奉献的对象如果是赏罚分明的秦国的国君，卞和先生好歹应该能混上秦昭王提到的那十五座城池之中至少一座的管事当当。但偏偏卞和所献的却是楚国的国王，以至两次献宝的结局竟然是先后遭到两位楚王的荼毒，只有苍天在呼号，只有凤凰在悲鸣。也许，从这一点来看，卞先生的确属于愚昧。只是,不能识宝的楚国终究遭到了亡国之祸,却不能不说是冥冥之中的一种报应?

卞和的悲剧,早已经成为了楚国的悲剧,而且在之后的2000多年历史里还曾一而再、再而三地上升成为一种民族的悲剧。只是春云愚昧,总希望这一惨痛的悲剧在和氏璧千古之谜完全被揭开之后,能够在21世纪的今天不会再次发生了。

记得孩童时,父亲在家门口的池塘边种了一棵桃树,每到夏天我们都等着摘桃子吃。可是人多桃少,没几天工夫,树上的桃子就已是烟消云散了。于是大伙儿只能眼巴巴地望着桃树叶子吞口水。我也一样,可是留心观察的我有时喜欢趴在地上眼睛朝上仔仔细细地搜索树叶的间隙。猛然间,我发现了密密的桃叶下面竟然还藏着一颗最棒的大桃子,那可是这颗桃树上硕果仅存的最后一颗桃子!现在看来,那颗大家伙儿挑完了剩下、谁也没有发现的桃子分明就是"和氏璧",而那发现这最后一颗桃子的人分明就是"卞和"。

大家之学无论是进行批评,还是切磋,亦或是进行共同探讨,春云都是无任欢迎。

王春云

中国科学院理学博士

2009年6月22日初稿

2009年8月9日二稿

2009年8月30日第三稿

2009年9月14日第四稿

2009年10月8日第五稿

2010年5月24日第六稿

于中国科学院广州地球化学研究所

电话:86-20-85290973;传真:86-20-85290393

电邮:chunyun@gig.ac.cn;Chunyun.Wang@guoying.com.cn

网址:www.guoying.com.cn(国英科技网)

QQ:992841107;MSN:Chunyun_Wang@hotmail.com

参考文献

注:民国以前的文献在这里基本略去,文献信息请参见正文文本。

Hume , David. 1748. An enquiry concerning human understaning. Oxford Philosophical Texts.

Hume, David. 1779. Dialogues concerning natural religion. Oxford Philosophical Texts.

梁启超. 1902. 论中国学术思想变迁之大势.

Fraser, J. G.. 1922. The golden bough: A study in religion and magic. New York: MacMillan.

鲁迅. 1926. 汉文学史纲.

李乃宣,张承鋆. 1930. 玉说·说玉之产地.

朱起凤. 1934. 辞通·卷一二. 开明书店出版.

李凤廷. 1935. 玉雅(一册). 岭南玉社.

Kissinger, Henry. 1954. Peace, legitimacy, and the equilibrium: A study of the statesmanship of Castlereagh and Metternich. Ph. D. dissertation with the Harvard University.

Popper, Karl R.. 1968. The logic of scientific discovery. New York: Harper & Row.

享邑. 1978.《廉颇蔺相如列传》浅析. 齐齐哈尔师院学报(哲学社会科学版),(3).

王焕斗. 1981. 赵都探珍. 瞭望(3).

董国振,章智. 1982. 楚国的和氏璧是怎样跑到赵国的? 语文教学与研究,(5).

吴经彪. 1982. 对《楚国的和氏璧是怎样跑到赵国的》一文的异议. 语文教学与研究,(21).

广东、广西、湖南、河南辞源修订组和商务印书馆编辑部编. 1982. 辞源(修订本),第三册. 北京:商务印书馆:2507-2509.

赵守正撰. 1982. 管子注译(下). 桂林:广西人民出版社.

栾秉璈. 1983. 和氏璧失传之谜. 青年科学家,(1)//1998 年《乌鲁木齐晚报》连载//2007 年《宝玉石周刊》连载//2008 年北京文物出版社出版.

周庆康. 1985. 也谈传国玺失传之谜. 社会科学战线,(3).

东汉王符著. 清汪继培笺,彭铎校正. 1985. 潜夫论笺校正. 济南:山东教育出版社.

西汉杨雄原著,民国汪荣宝义疏. 1987. 法言义疏·九·问明卷第六. 北京:中华书局:9

汉语大词典编辑委员会编. 1988. 汉语大词典,第五卷. 武汉:湖北辞书出版社和成都:四川辞书出版社:3349 - 3351.

李更夫. 1991. 玉器鉴定学. 台北:增玉堂玉器有限公司出版.

李更夫. 1992. 和氏璧哪里去了? 中国珠宝首饰,(3):26 - 27.

张武润. 1994. 和氏璧与缪贤. 中学语文教学参考(6).

刘志安. 1995. 小议蔺相如的爱国精神——读《廉颇蔺相如列传》有感. 成都纺织高等专科学校学报,(3).

王同亿主编. 1996. 高级汉语词典. 海口:海南出版社.

王根元,王昶,申柯娅等. 1997. 珠宝名品历史鉴赏. 武汉:中国地质大学出版社:144 - 146.

北京国安资讯设备有限公司和宁波国联实业有限公司联合制作. 1998. 国际标准汉字大字典(多媒体版). 北京:北京大学出版社.

徐贵祥. 2000. 历史的天空(新中国 60 年长篇小说典藏). 北京:人民文学出版社.

张庆麟. 2000. 中学生文库精选续编·文化生活辑·宝石的传说与鉴赏. 上海:上海世纪出版集团和上海教育出版社出版.

生活时报. 2001.《吕不韦传奇》花絮串烧. 生活时报,2001 - 03 - 23//人民网转载,URL:〈http://www.people.com.cn/GB/wenyu/review/20010323.html〉,Release date:2001 - 3 - 23.

董泽芳主编,魏昌著. 2002. 楚国史. 武汉:武汉出版社.

人民教育出版社中学语文室编. 2002. 高中语文第一册教学参考书. 北京:人民教育出版社.

文汇报. 2002. 遥感探测秦皇陵计划启动. 文汇报,2002 - 12 - 13;文汇报网转载,URL:〈http://www.wenweipo.com/GB/?paper.wenweipo.com/2002/12/13/CH0212130117.htm〉,Release date:2002 - 12 - 13.

人民教育出版社小学语文室编著. 2002. 九年义务教育六年制小学教科书

·语文第十二册·12 将相和. 北京:人民教育出版社:56－61.

高明,袁凌. 2003. 历经 41 年探索 秦始皇陵考古获重大进展——1962 年以来考古工作者已在秦陵区发现 600 余座陪葬坑出土 5 万多件文物. 新京报,2003－12－10 // 人民网转载,URL:〈http://unn.people.com.cn/GB/22220/30701/30883/2238923.html〉,Release date:2003－12－10.

张挥. 2003a. 专题学习网站《和氏璧之谜》设计方案. 中小学信息技术教育(10).

张挥. 2003b. 造一枚整合知识的"和氏璧"——在专题学习网站上实现学习的内在整合. 中小学教育资源交流中心网站,URL:＜http://text.k12zy.com/jiaoan/html/2003/148787.html＞,Release date:2003－07－04.

靳文华. 2003. "和氏璧"真假辨. 语文知识,(9):4－5.

翔锋. 2003. 传国玉玺——一个观察中国古代历史的窗口. 红袖添香网,URL:〈http://article.hongxiu.com/a/2003－11－10/257158.shtml〉,Release date:2003－11－10.

履虎尾. 2003. 和氏璧,你在哪里? 临汾文化网之社区论坛,URL:〈http://www.chinalin.com.cn/dispbbs.asp? boardID＝52&ID＝370&star＝2&page＝〉,Release date:2006－11－12.

王俪阎. 2004. 和氏璧与传国玉玺. 人民日报·海外版文物与考古专栏,2004－11－13 // 新浪网转载,URL:〈http://news.sina.com.cn/o/2004－11－13/07284224732s.shtml〉,Release date:2004 年 11 月 13 日.

王春云. 2004d. 慈禧太后嘴中随葬夜明珠科学研究——材质、命名与来源. 珠宝科技,16(5):1－8.

杜奎生. 2004. 中华宝玺探源. 天津:百花文艺出版社.

赵国隆,李常茂. 2004. 采用综合探测技术揭开秦皇陵地宫千古之谜. 探矿工程(岩土钻掘工程),(4).

汪榕. 2004."和氏璧"的前世今生 // 周重林主编,玉出云南. 昆明:云南大学出版社.

王贵生. 2004. 浅谈和氏璧. 上海石报之赏石文化,(4) // 中国观赏石协会网站转载,URL:〈http://www.gss.org.cn/ReadNews.asp? NewsID＝362〉,发表日期:2005 年 9 月 29 日.

王贵生. 2005. 历史上没有和氏璧. 上海石报之赏石文化原载 // 中国观赏石协会网站转载,URL:＜http://www.gss.org.cn/ReadNews.asp?

NewsID＝362＞，发表日期：2005 年 9 月 29 日.

袁奎荣，邓燕华. 2005. 揭开和氏璧的千古之谜——传国玉玺和氏璧的原料、图形考证//中国观赏石协会编辑，姜建军主编. 2005. 中国观赏石论坛论文集. 北京：中国大地出版社出版//中国观赏石协会网站转载，URL：〈http：// www. gss. org. cn/ReadNews. asp? NewsID＝524〉，发表日期：2005 年 12 月 29 日.

周艳琼，胡兴军. 2005. "传国玺"传奇. 文史天地，(12)：51－53.

张炳伟主编. 2005. 探索丛书——人类文明之谜. 北京：中国戏剧出版社.

祝中熹. 2005. 漫话和氏璧与传国玺. 陇右文博，(1)：53－60.

台湾中央社. 2005. 学者指慈禧含殓夜明珠即遗失三百多年金刚石. 中国时报，2005－02－17//国英科技网转载，URL：〈http：// www. guoying. com. cn/xinwen. jsp? id＝205〉，Release date：2006－11－08.

小猪笨笨. 2005. 侃"完璧归赵". 红袖添香网，URL：〈http：//msn. hongxiu. com/a/a/00596/595886. shtml〉，Release date：2005－2－16.

刘合心. 2006. 不朽的蔺相如. 中关村，(8).

袁娇娇. 2006a. 蔺相如完璧归赵论. 全国优秀作文选(高中)，(7).

袁娇娇. 2006b. 读王世贞《蔺相如完璧归赵论》有感. 全国优秀作文选(高中)(22).

沧海笑书生. 2006. 驳王士贞《蔺相如完璧归赵论》. 红袖添香网，URL：〈http：// msn. hongxiu. com/a/a/01461/1460780. shtml〉，Release date：2006－9－25.

云淡风清. 2006. 蔺相如完璧归赵再论. 新浪博客，URL：＜http：//blog. sina. com. cn/s/blog_4930482b010004ds. html＞，Release date：2006－08－12 22：05：06.

弗雷泽 J. G. 著，徐育新、汪培基、张泽石译，刘魁立审校. 2006. 金枝. 北京：新世界出版社.

刘合心. 2006. 不朽的蔺相如. 中关村，(8).

车宝仁. 2006. 黄帝西安行迹考. 唐都学刊，22(1)：131－135.

碎颜. 2006. 大家看过完璧归赵的故事吧，本人很反对蔺相如(附一篇文章). 金庸茶馆之品茶论剑，URL：〈http：//bbs. jycg. com. cn/showtopic－37032. aspx〉，Release date：2006－06－23.

王仝. 2006. 再论蔺相如完璧归赵——读王世贞《蔺相如完璧归赵论》有感. 北京四中网站，URL：〈http：//attach. etiantian. com/staticpages/study/

service/articleFree/article_74195279. htm〉,创作时间：2006－05－03.

傅剑仁. 2006. 和氏璧·蔺相如. 中国人才(10).

蔡燕敏. 2007. 蔺相如完璧归赵论. 作文新天地(高中版),(6).

杨永红,侯武忠. 2007. 蔺相如非大智大勇吗？——驳(明)王世贞《蔺相如完璧归赵论》. 考试(教研版)(2).

施爱东. 2007. 学术著作当如侦探小说. 南方都市报,2007－12－23(B20).

李肖. 2007. “帝王之玉”和氏璧. 森林与人类,27(9):72－73.

陈兴华. 2008. 传国玉玺之谜. 地球,(3):22－23.

叶寅生. 2008. 从宝石学的视角看和氏璧. 收藏快报,2008－03－19//东方收藏网转载,URL:〈http://www.dfsc.com.cn/collection/2008/0319/Content_194.html〉Release date:2008－03－19.

张心怡. 2008. 驳蔺相如. 风玲海森的百度空间,URL:〈http://hi.baidu.com/%CF%C0%BF%CD%D2%C1%C8%CB/blog/item/239751ea476736d6d539c9b5.html〉,Release date:2008－04－08.

何忆,孙建华. 2008. 历史密码之和氏璧下落之谜:很有可能将会重见天日. 北京:中国工人出版社.

李延军. 2008. 一代“军神”李牧之死:口衔宝剑撞柱而亡. 中国经济网原载,URL:〈http://news.china.com/zh_cn/history/all/11025807/20080904/15069399.html〉,Release date:2008－09－04.

王绍玺. 2008. 王者之石一和氏璧的故事. 台北:序曲文化出版公司出版.

北溟鱼. 2008. 驳王世贞之《论蔺相如完璧归赵论》. 风玲海森的百度空间,URL:〈http://hi.baidu.com/%CF%C0%BF%CD%D2%C1%C8%CB/blog/item/239751ea476736d6d539c9b5.html〉,Release date:2008－04－08.

何忆,孙建华编著. 2008. 历史密码——揭秘历代悬案疑案. 北京:中国工人出版社.

栾秉璈. 2008. 和氏璧失传之谜. 北京:文物出版社.

乐帧益. 2008. 漫谈廉颇、蔺相如. 新高考·高一语数外,(6).

张连法. 2009. 试论蔺相如的“德”与“才”. 山东文学·(7).

叶芝德. 2009. 夜读“廉颇蔺相如列传”有感. 金秋,(2).

韦婕,2009,蔺相如的“心理战”——由蔺相如三次“以死相逼”想到的. 新语文学习(教师版),(5).

不敢妄言. 2009. 和氏璧真的“完璧归赵”了吗？新浪博客——不敢枉言的

历史天空，URL：〈http：//blog. sina. com. cn/s/blog_4ca19e650100cxbi. html〉，Release date：2009－03－04//山东商报，2009－03－09，人文壹周·博客B6版//山东商报电子版，URL：〈http：//press. idoican. com. cn/detail/pages/20090309124B6/〉，Release date：2009－03－09.

龙雪英，尹安玲. 2009. 在唇枪舌剑中辨识人品——《将相和》教学赏评. 小学教学设计，(25).

张涛之. 2009a. 蔺相如：盛名之下，其实难副. 领导文萃，(18)：103－107.

张涛之. 2009b. 历史在这里忏悔：谈《资治通鉴》批帝王将相. 北京：作家出版社.

共产党员编辑部. 2009. 蔺相如或为空谈误国之人. 共产党员(14).

徐贵祥. 2010. 沉璧复返祖龙死 秦始皇死前发生的三大怪事. 中国网转载，URL：〈http：//culture. china. com/zh_cn/history/lead/11022885/20100312/15850967. html〉，Release date：2010－03－12.

李宝柱. 2010. 学者考证：秦始皇陵宋代已被盗 随葬品系重做. 凤凰网之凤凰资讯历史频道转载，URL：〈http：//news. ifeng. com/history/shixueyuan/detail_2010_02/23/352005_0. shtml〉，Release date：2010年02月23日.

狄蕊红，袁莎莎. 2010. 传秦始皇陵千年前已被盗考古专家逐条反驳. 华商网——华商报，2010－02－26//凤凰网之凤凰资讯历史频道转载，URL：〈http：//news. ifeng. com/history/kaogu/detail_2010_02/26/355117_0. shtml〉，Release date：2010年02月26日.

刘祥. 2010. 微瑕不掩瑜，何须粉饰之——还原一个真实的蔺相如. 语文教学通讯(4).

王春云. 2010. 破解国魂和氏璧之谜(宝玉篇). 武汉：中国地质大学出版社.

附录一　世界未解之谜丛书

王国忠,郑延慧主编,郭克毅分主编. 1991. 新编十万个为什么(地质卷)/少年科学文库. 南宁:广西科学技术出版社.

叶伟夫著. 1993. 中国印石. 沈阳:辽宁人民出版社:547.

周晓亮,张友云编. 1993. 世界未解之谜. 沈阳:沈阳出版社.

韩振峰主编,马德生等编写. 1993. 世界未解之谜. 成都:四川辞书出版社.

田树谷编著. 1995. 珠宝五百问. 北京:地质出版社.

张明华撰. 1998. 艺林撷珍丛书——玉器(吴士余主编). 上海:上海人民美术出版社.

王云编著. 2000. 未知世界新探(上). 北京:兵器工业出版社.

张健. 2000. 国宝劫难备忘录. 北京:文物出版社.

王绍玺. 2000. 传国玉玺. 上海:世纪出版集团上海书店出版社.

梅庆吉编著. 2002. 自然之谜. 哈尔滨:黑龙江少年儿童出版社.

张壮年,张颖震编著. 2002. 中国历史秘闻轶事(上、下卷). 济南:山东画报出版社.

王海丰主编. 2002. 世界未解之谜. 西宁:青海人民出版社.

龙海云主编,张文元编著. 2002. 世界未解之谜. 北京:京华出版社.

世界未解之谜编辑委员会编. 2002. 世界未解之谜. 北京:京华出版社.

宗豪主编. 2003. 中国历史地理未解之谜(全二册). 南宁:广西民族出版社.

谢宇主编. 2003. 探寻未知世界知识丛书(全十册). 北京:中国档案出版社.

范茨编著. 2003. 中国历史之谜(续编). 上海:上海辞书出版社.

纪荣起,张平主编. 2003. 未知世界神秘之旅系列(全十册). 呼和浩特:内蒙古人民出版社.

胡明刚编著. 2004. 皇家珍宝. 北京:世界知识出版社.

冯精志著. 2004. 文侠系列小说——传国玺谜踪. 北京:文化艺术出版社.

欧阳家悦编著. 2004. 人类宝藏未解之谜(上册). 南昌:百花洲文艺出版社.

严剑敏主编. 2004. 未解知识之谜. 延吉:延边大学出版社.

杨飞,种晓明编. 2004. 中国文化未解之谜(彩色未解之谜系列). 北京:中国书籍出版社.

张超. 2004. 神奇的奇闻趣事/人类未解之谜新探索. 北京:朝华出版社.

世界未解之谜编辑委员会编. 2004. 世界未解之谜(彩图版). 北京:北京出版社.

世界未解之谜编委会编. 2004. 世界未解之谜(图文版). 北京:光明日报出版社和中国文史出版社联合出版.

禹田主编. 2004. 中国孩子最想知道的1001个未解之谜/大眼睛系列. 北京:同心出版社.

张利军主编. 2004. 世界未解之谜(青少版). 长春:北方妇女儿童出版社.

邢涛,纪江红主编. 2004. 中国未解之谜(彩图版,全三册). 北京:北京出版社.

玲子著. 2004. 国宝传奇. 广州:花城出版社:25-27.

杜奎生著. 2004. 中华宝玺探源. 天津:百花文艺出版社.

田树谷编著. 2004. 珠宝千问——珠宝翠钻物语. 北京:中国大地出版社.

李弘编著. 2005. 中国历史未解之谜全记录(图文版). 北京:京华出版社.

王霖主编. 2005. 地球悬案之谜(世界未解之谜全记录)/探索者丛书. 呼和浩特:内蒙古科学技术出版社.

刘兴诗编. 2005. 世界未解之谜探索. 成都:四川辞书出版社.

黄建华主编. 2005. 世界未解之谜(全三册). 延吉:延边人民出版社.

徐秀梅编. 2005. 地理百谜——未知世界丛书. 哈尔滨:北方文艺出版社.

王廷洽编. 2005. 中华国宝之谜/话说中国千古之谜系列. 合肥:黄山书社.

王怡. 2005. 羊皮纸上的宝藏:世界考古未解之谜一发现之旅02. 台北:驿站文化出版社.

吴强华,黄清等主编. 2005. 话说中国千古之谜系列. 合肥:黄山书社.

纪江红主编. 2005. 中国未解之谜. 北京:北京出版社.

周重林主编. 2005. 玉出云南(云游文化丛书). 昆明:云南大学出版社.

吴晓静主编. 2005. 探索丛书——中华上下五千年. 北京:中国戏剧出版社:37-40.

张炳伟主编. 2005. 探索丛书——人类文明之谜. 北京:中国戏剧出版社.

李津编著. 2005. 中国全史未解之谜全集. 北京:中央编译出版社.

纪江红主编. 2006. 中国未解之谜. 北京:北京出版社.

李津主编. 2006. 世界五千年未解之谜全集3. 西安:长安出版社.

纪江红主编. 2006. 中国未解之谜 少儿注音彩图版(上、下卷). 北京:北京少年儿童出版社.

蓝海主编. 2006. 宝藏未解之谜/世界未解之谜精编. 呼和浩特:内蒙古大学

出版社.
清渠主编. 2006. 上下五千年难解之谜. 北京:北京工业大学出版社.
肖楠主编. 2006. 探索与发现丛书——人类文明之谜(精品彩图版). 北京:中国戏剧出版社.
郭漫主编. 2006. 探索中国未解之谜/中国青少年成长必读. 北京:航空工业出版社.
王廷洽主编. 2006. 中华历代国宝之谜(上、下)/华夏文化典藏书系. 西安:陕西旅游出版社.
崔钟雷主编. 2006. 自然未解之谜——世界神秘探索之旅(最新彩图版). 长春:吉林摄影出版社.
钱源编著. 2006. 世界未解之谜全集. 兰州:甘肃文化出版社.
李津主编. 2006. 世界五千年未解之谜全集(III,珍藏本)/未解之谜典藏文库. 西安:长安出版社.
江斌主编. 2006. 神秘的谜团/探索宇宙奥秘系列丛书. 呼和浩特:内蒙古大学出版社.
张小英主编. 2006. 宝藏未解之谜(迷你袖珍版)/世界未解之谜全记录. 呼和浩特:内蒙古大学出版社.
蓝海主编. 2006. 地理未解之谜/世界未解之谜精编. 呼和浩特:内蒙古大学出版社.
蓝海主编. 2006. 宝藏未解之谜/世界未解之谜精编. 呼和浩特:内蒙古大学出版社.
蓝海主编. 2006. 世界未解之谜精编——宇宙未解谜. 呼和浩特:内蒙古大学出版社.
纪江红主编. 2006. 等待你去破解的世界未解之谜——世界尚未解开的1001个科学之谜(少儿注音彩图版). 北京:北京少年儿童出版社.
宋建平主编. 2006. 奇趣大自然. 北京:中国戏剧出版社.
清渠主编. 2006. 上下五千年难解之谜. 北京:北京工业大学出版社.
陈丽辉主编. 2006. 世界未解之谜. 兰州:甘肃文化出版社.
纪江红主编. 2006. 世界未解之谜. 北京:北京少年儿童出版社.
纪江红主编. 2006. 中国未解之谜/中国儿童成长必读系列. 北京:北京少年儿童出版社.
张小英主编. 2006. 宝藏未解之谜(迷你袖珍版). 呼和浩特:内蒙古大学出版社.

李津主编. 2006. 世界五千年未解之谜全集 II. 北京:中央编译出版社.

邢涛总策划，纪江红主编. 2006. 世界尚未解开的 1001 个科学之谜(少儿注音彩色版). 北京:北京少年儿童出版社.

禹田编绘. 2006. 世界未解之谜全知道——中国孩子成长必读书. 北京:同心出版社.

徐作生著. 2006. 中外重大历史之谜图考(第二集). 北京:中国社会科学出版社.

郭漫主编. 2006. 探索中国未解之谜(最新彩色图文版). 北京:航空工业出版社.

吴晓静主编. 2006. 求知丛书——人类文明之谜(最新修订彩色版). 北京:中国戏剧出版社.

纪江红编. 2006. 中国未解之谜(附光盘共 2 册,少儿注音彩图版). 北京:北京少年儿童出版社.

马书田编著. 2007. 绝壁上的悬棺. 昆明:云南少年儿童出版社.

胡友主编. 2007. 世纪 100 大谜案. 呼和浩特:内蒙古大学出版社.

清渠主编. 2007. 上下五千年难解之谜. 北京:北京工业大学出版社.

蓝海主编. 2007. 巧合未解之谜/世界未解之谜精编. 呼和浩特:内蒙古大学出版社.

崔钟雷主编. 2007. 历史未解之谜(彩版文字学生读物探索发现卷)/新课标课外读物. 长春:吉林摄影出版社.

郭漫主编. 2007. 中国青少年成长必读:探索中国未解之谜(最新彩色图文版). 北京:航空工业出版社.

王霖主编. 2007. 地球悬案之谜(世界未解之谜全记录)/探索者丛书. 呼和浩特:内蒙古科技出版社.

李杰主编. 2007. 世界未解之谜/全方位速读系列. 哈尔滨:黑龙江科学技术出版社.

刘道远主编. 2007. 恐怖的魔鬼沟/惊险谜怪之旅. 昆明:晨光出版社.

林日葵主编. 2007. 国宝传奇. 杭州:西泠印社出版社.

金波主编. 2007. 惊险谜怪之旅——绝壁上的悬棺. 昆明:晨光出版社.

胡友主编. 2007. 世纪 100 大迷案. 呼和浩特:内蒙古大学出版社.

蒋丰编著. 2007. 人类未解之谜(中国卷). 北京:北京出版社.

墨人. 2007. 中国孩子成才宝典——人类文明之谜(最新精品彩图版). 北京:中国戏剧出版社.

雨霖老师. 2007. 让你难忘一生的 111 个童年故事——永不泯灭的记忆. 北京:中国戏剧出版社.
灵犀工作室. 2007. 探索与发现丛书——自然奥秘. 青岛:青岛出版社.
吴苏林主编. 2008. 人类未解之谜全记录/中国学生必读书系. 北京:中央民族大学出版社.
何忆,孙建华编著. 2008. 历史密码——揭秘历代悬案疑案. 北京:中国工人出版社.
崔钟雷主编. 2008. 学生必读丛书——世界文化与自然遗产. 长春:吉林人民出版社.
蒋丰主编. 2008. 人类未解之谜(中国卷). 北京:北京出版社.
印农编著. 2008. 古印传奇——中国历代帝王玺印之谜. 北京:中国时代经济出版社.
李阳主编. 2008. 飞碟外星人之谜(彩图版)/世界未解之谜. 呼和浩特:内蒙古人民出版社.
玛雅编. 2008. 四大文明之谜. 呼和浩特:内蒙古人民出版社.
中国历史悬案编委会. 2008. 探索发现系列图说天下——中国历史悬案. 长春:吉林出版集团有限责任公司.
文柯编著. 2008. 世界神秘文化全知道. 北京:21 世纪出版社.
李阳编. 2008. 四大文明古国之谜(彩图版)/世界未解之谜. 呼和浩特:内蒙古人民出版社.
郑建斌编著. 2008. 传世国宝. 北京:现代出版社:69－80.
廉永清主编. 2009. 中国历史未解之谜. 北京:中国画报出版社.
淡霞主编. 2008. 世界五千年未解之谜(下卷). 北京:华文出版社.
种晓明编著. 2009. 图说中国文化未解之谜. 华文出版社,北京.
吴晓静编. 2009. 人类未解之谜(彩版图文天下). 北京:中国戏剧出版社.

附录二　和氏璧历史大事记

历史时期	历史事件
一、春秋时期(**前** 770—**前** 476)	
楚厉王时期	楚厉王即蚡冒,于公元前 757 年至公元前 741 年在位,卞和在荆山首次发现和氏璧,第一次献给楚厉王,但和氏璧被楚厉王玉人鉴定为石。
楚武王时期	楚武王于公元前 740 年至公元前 690 年在位,卞和第二次将和氏璧献给楚武王,但和氏璧被楚武王玉人鉴定为石。
楚文王时期	楚文王于公元前 689 年至公元前 675 年在位,卞和所献和氏璧经楚文王玉人鉴定为宝,并被赐名"和氏璧",卞和被封为陵阳侯。
楚昭王时期	大约公元前 500 年左右,即约公元前 503—497 年,楚昭王从吴王亡郢的战乱之后需要励精图治以图恢复国政,于是派遣王孙圉出使晋国,以稳住三晋这个北方强敌。晋定公和晋国国相赵简子一语双关地问起楚国国宝,王孙圉机智对答,化解一场外交危机。
二、战国时期(**前** 475—**前** 221)	
楚宣王时期	秦孝公欲讨伐楚国,于是派遣使节使楚问宝,楚国国相昭奚恤机智作答,化解一场外交危机。
楚威王时期	公元前 333 年,楚威王灭越吞吴,一雪吴王亡郢的奇耻大辱,将和氏璧赏赐功臣昭阳,而昭阳不慎丢失,结果时为昭阳府门客的张仪被污,愤而走秦,发誓报复楚国。

续上表

赵惠文王时期	公元前283年，赵国宦官缪贤买赃，和氏之璧入赵； 是年，秦昭襄王提议以十五城交换赵璧，蔺相如临危受命出使秦国，结果“完璧归赵”； 公元前279年，秦昭王约赵王在西河外的渑池会面，表面上是互修友好，实际上是继续抢夺赵国和氏璧。
赵孝成王时期	公元前260年，秦昭王为抢夺和氏璧而发起长平之战，结果于公元前259年尽歼长平赵国军队，兵锋直指赵国首都邯郸； 公元前259年，武安君第一次进围邯郸，赵都岌岌可危，赵国灭亡在即；赵孝成王倚重苏代，用和氏璧解围邯郸，和氏璧遂入秦国。
秦昭襄王时期	和氏璧于公元前259年已入秦国。
秦孝文王时期	和氏璧于公元前259年已入秦国。
秦庄襄王时期	和氏璧于公元前259年已入秦国。
秦王政时期（前246—前221）	和氏璧于公元前259年已入秦国；公元前237年，秦王政已拥有和氏璧。
三、秦朝（前221—前207）	
秦始皇时期（前221—前210）	公元前221年灭齐，从而一统六国，秦王政自号秦始皇； 公元前219年，秦始皇巡游洞庭湖时失璧； 公元前211年山鬼寻回和氏璧； 公元前210年，秦始皇东巡途中驾崩于沙丘（今河北省邢台市），随后，和氏璧在中国历史上失去踪迹，直到650年后才由北魏著名学者崔浩（381－450）第一次提起，从此和氏璧又与传国玺的命运纠缠在一起。王春云博士的研究认为，和氏璧与传国玺截然不同，当于秦始皇死后随葬于秦始皇陵中了。

简历与主要学术贡献

王春云

中国科学院理学博士

1985 年获中山大学地质学学士学位；
1988 年获中国科学院地球化学研究所矿物学硕士学位；
1995 年获中国科学院地球化学研究所矿物学博士学位；
1995—1997 年留学美国密西根大学安娜堡分校；
1997 年至今获聘中国科学院广州地球化学研究所副研究员；
其中 2000 年至今，创立广州国英科技翻译中心，担任电子杂志《国英玉文化论坛》、《国英翡翠论坛》、《国英夜明珠论坛》、《国英金刚石论坛》、《国英和氏璧论坛》和《国英翻译论坛》主编。

主要学术贡献：

人类 300 万年前在地球上第一次出现后，直到公元前 600 年才得益于古希腊天文学家阿那克西曼德(Anaximander)的研究，认识到月亮其实不发光，从 1992 年起，通过跟随王春云博士(Dr. Chunyun Wang)的脚步又有机会认识到如下系列科学发现：

1. 1992 年(4 月)，破解元代国宝渎山大玉海材料之谜；
2. 1992 年(12 月)，破解玉的本质千古之谜，建立玉学基本理论体系；
3. 2002 年(10 月)，破解中国历史典籍中"翡翠"概念含义的千古之谜；
4. 2004 年(6 月)，破解夜明珠世界自然历史文化之谜；
5. 2004 年(8 月)，破解中国金刚石自然历史之谜；
6. 2004 年(10 月)，破解慈禧太后口中随葬夜明珠之谜；
7. 2008 年(4 月)，破解香玉和金香玉千古之谜；
8. 2008 年(9 月)，破解夜光杯千古之谜；
9. 2008 年(10 月)，破解夜明枕千古之谜；

10. 2009年(1月),破解炎帝石璘之玉千古之谜;

11. 2009年(4月),破解慈禧太后凤冠夜明珠的传说;

12. 2009年(6月),破解火玉、赤玉和靺鞨千古之谜;

13. 2009年(8月),破解中华民族“灵魂之石”和氏璧千古之谜。

作者相关论文

王春云．2003a．和氏璧材质研究述评．珠宝科技，15(3)：47－52(Serial No. 50)．

王春云．2003b．秦代传国玉玺揭谜——两个版本、两种材料、两枚玉玺．珠宝科技，15(5)：19－26．

王春云．2004a．中国金刚石历史溯源研究概论．珠宝科技，Vol. 16，No. 4 (Serial No. 56)，pp. 39－47；国英科技网转载，URL：＜http：// www. guoying. com. cn/xinwen. jsp? id＝61＞，发布日期：2005－09－23．

王春云．2004b．湖北金刚石自然历史之谜告破．矿物岩石地球化学通报，Vol. 23 (supplement)，pp. 191－192；国英科技网转载，URL：＜http：// www. guoying. com. cn/xinwen. jsp? id＝63＞，Release date：2005－09－24．

王春云．2007a．关于和氏璧材质被等同于软玉的国际笑话．国英科技网，URL：＜http：// www. guoying. com. cn/xinwen. jsp? id＝251＞，Release date：2007－08－19．

王春云．2007b．再驳和氏璧子虚乌有说．国英科技网．URL：＜http：// www. guoying. com. cn/xinwen. jsp? id＝262＞，Release date：2007－12－15．

王春云．2008a．驳和氏璧材质蛋白石说．中国宝玉石，2008 年第 1 期(总第 69 期)，pp. 124－125；国英科技网转载，URL：＜http：// www. guoying. com. cn/xinwen. jsp? id＝266＞，Release date：2007－12－20．

王春云．2008b．央视国际台走遍中国栏目播出《探寻和氏璧》及评论．国英科技网，URL：＜http：// www. guoying. com. cn/xinwen. jsp? id＝271＞，Release date：2008－02－02．

王春云．2008c．又见拉长石被当作和氏璧材质在长沙显摆．国英科技网站，URL：＜http：// www. guoying. com. cn/xinwen. jsp? id＝318＞，－Release date：2008－08－10．

王春云．2008d．国家知识产权局如此认证“和氏璧”．国英科技网站，URL：＜http：// www. guoying. com. cn/xinwen. jsp? id＝321＞，Release

date:2008－09－02.

王春云. 2009. 李宏博和尹继才的和氏璧文在科普吗？国英科技网，URL：<http：// www. guoying. com. cn/xinwen. jsp？ id＝441>，Release date:2009－04－17.

王春云. 2010. 破解国魂和氏璧之谜(宝玉篇).武汉:中国地质大学出版社.

Deciphering the Historical Mystery of State Gem *Heshi Bi*(*Bian-he Diamond*)

Dr. Chunyun WANG

China University of Geosciences Press, *Wuhan* 2010

Abstract

Heshi Bi is a piece of noted yu (youstone) that was discovered in the early period of the Spring and Autumn period. It is a kind of yu, meiyu (pretty yu) and also baoyou (precious yu). In the more than 2,700 years ever since its first discovery, particularly in the Spring and Autumn period as well as in the Warring States period, *Heshi Bi* has been regarded as a gem that symbolizes control of a state, so was contested vehemently by the vassal state leaders at that time. At the time when Qin Shihuang unified China, *Heshi Bi* was even regarded as a symbol of the imperial power and a sign of unification of the Qin Empire. However, *Heshi Bi* has been confused with *Chuan Guo Xi* (State-transferring Seal), which was transferred from one dynasty to another and became a symbol of transferring of state power, in the 1,143 years period from the end of Qin Dynasty (221BC—207BC) to Posterior Tang Dynasty (AD 923—936) For this reason, *Heshi Bi* has deeply affected the spirit and soul of the Chinese people in generations after generations. Therefore, *Heshi Bi* can be honored as the stone of kings and the stone of soul for the Chinese nation.

As the unsolved mystery on the material of *Heshi Bi* has been solved, and *Heshi Bi* proved to be a big diamond, the history of this mysterious diamond that has perplexed the Chinese nation for more than 2,700 years was studied, and the spirit and soul of the Chinese people as represented by this stone of soul were analyzed in this monograph. Chiefly based on the classical historical records of the pre-Qin dynasty and the Han dynasty, a historical evidence system and argumentative logic system were established as a first step. The earliest records concerning information on *Heshi Bi* include Yan Zi Chun Qiu (《晏子春秋》), Mo-tse (《墨子》), Songs of Chu (《楚辞》), Lv Shi Chun Qiu (《吕氏春秋》) and Han Fei Zi (《韩非子》).

The earliest discovery of *Heshi Bi* can be dated in the period of the three kings of the Chu Kingdom, i. e. , Chu Liwang, Chu Wuwang and Chu Wenwang, as was recorded by Han Feizi of the Warring States period. As a gem symbolizing control of a state in the Eastern Zhou period, *Heshi Bi* was regarded as a state gem by the kings of the Chu Kingdom, and was never shown to other state leaders. So even kings of several vassal states like Qi Kingdom, Jin Kingdom, Wu Kingdom and Qin Kingdom coveted this gem, the kings of the Chu Kingdom can still beat back these enemies and protect their state treasure by replying upon the teachings of the sages and the assistance of the ministers. This is particularly the case in the reign of Chu Weiwang, as the king bestowed the state treasure to his general Zhao Yang who attained remarkable achievements in annihilating the Yue Kingdom and the Wu Kingdom, the latter of which once took control of the capital of Chu Kingdom. However, Zhao Yang lost the treasure accidentally, which resulted in great disorder under heaven, as vassal state leaders arose to chase after the treasure by force.

Zhang Yi was subject to disgrace for the theft of the gem by Zhao Yang, so he left for the Qin Kingdom, where he was promoted to the seat of prime minister by Qin Huiwenwang, and started his revenge against the Chu Kingdom, which led to loss of land and army and civilians of the Chu Kingdom, and the king of the Chu Kingdom, Chu Huaiwang

was even abducted by Qin Zhaoxiangwang, the son of Qin Huiwenwang, and died in the Qin Kingdom.

Very possibly by accident, Miu Xian, the eunuch of the Zhao Kingdom, bought the *Heshi Bi* from a thief, and presented it to his king, Zhao Huiwenwang. However, the king of Qin Kingdom, Qin Zhaoxiangwang also wanted this treasure, and pretended to propose to Zhao Huiwenwang an exchange of the treasure for 15 cities of the Qin Kingdom. Lin Xiangru went on a diplomatic mission to the Qin Kingdom with the treasure, but sent it back to the Zhao Kingdom after he realized that the proposal by Qin Zhaoxiangwang for the exchange of land to treasure was a cheat. Then the Zhao Kingdom was put into a defense against the attack by the army of the Qin Kingdom, who obviously aimed at snatching *Heshi Bi* from the Zhao king. Finally, the capital of the Zhao Kingdom, Handan, was sieged by the Qin army after the Zhao army was annihilated in the battle of Changping. At this time, the Zhao king has to turn in the treasure to the Qin king, which resulted in the raising of the siege temporarily.

After the war of Handan, *Heshi Bi* was in the hands of the Qin kings, and the first emperor of Qin Dynasty, who commanded the unification of China, regarded it as a symbol of state power and a symbol of unification of the heaven. After his death, the treasure was buried with his body, so it was presumed that the treasure remained in the Mausoleum of Qin Shihuang up to nowadays.

Right in this way, the legend and history of *Heshi Bi* was unraveled in this monograph, together with the historical and cultural implications of the treasure that represents the spirit and soul of the Chinese people.

Key words: Heshi Bi(和氏璧); Bian-he Diamond(和氏璧); Bian-he (卞和); Chu Liwang(楚厉王); Chu Wuwang(楚武王); Chu Wenwang (楚文王); Chu Chengwang(楚成王); Chu Zhuangwang(楚庄王); Chu

Zhaowang(楚昭王); Chu Xuanwang(楚宣王); Chu Weiwang(楚威王); Chu Huaiwang(楚怀王); Chu Qingxiangwang(楚顷襄王); Chu Kaoliewang(楚考烈王); Qin Mugong(秦穆公); Qin Aigong(秦哀公); Qin Xiaogong(秦孝公); Qin Huiwenwang(秦惠文王); Qin Wuwang(秦武王); Qin Zhaoxiangwang(秦昭襄王); Qin Xiaowenwang(秦孝文王); Qin Zhuangxiangwang(秦庄襄王); Qin Wangzheng(秦王政); Zhao Huiwenwang(赵惠文王); Zhao Xiaochengwang(赵孝成王); Jin Xiangong(晋献公); Jin Wengong(晋文公); Jin Dinggong(晋定公); Qin Shihuang(秦始皇)

什么是千古之谜？千古之谜就是那些人类历史上已经发生的、千百年来人们始终感到兴致盎然的、无数人已经作过探索但却只能取得一鳞半爪认识并终究不得其门而入的那些深刻影响人类历史、文明和文化的事件。

——王春云博士

和氏璧发现于2700多年前的楚国，是世界文字记载历史上传承历史最早、传承谱系最为完备的一颗超级钻石，是一颗倾国倾城、价值连城的超级钻石，是封建时代的“帝王之石”，也是中华民族的“灵魂之石”。

——王春云博士

Bian-he Diamond (*Heshi Bi*) was discovered in the Chu Kingdom 2,700 years ago, and proves to be a super-size diamond that has the earliest recorded history and the most complete historical genealogy in the world. As a super-size diamond which is so beautiful as to cause cities and kingdoms to fall, it is priced at fifteen cities. Moreover, it is regarded as a stone of kings in the feudal era. and a stone of soul of the Chinese nation.

——Dr. Chunyun WANG

秦始皇陵估计珍藏着中国自三皇五帝以来、尤其是夏商周上古三代将近2000年漫长时期所积累的差不多全部中华文明的宝藏，是中华文明宝藏之集大成者。其中特别珍藏着被誉为“天下共传宝”的千古美钻和氏璧，所以秦始皇陵宝藏估计很可能是世界首屈一指的宝藏，是“天下第一大宝藏”，因此值得全世界考古学者的高度关注。

——王春云博士